AF314789

S.G
2278

# LES SUCCESSEURS

DE

# SIR JOHN FRANKLIN

## SCÈNES ET TABLEAUX

## DES MERS ARCTIQUES

PAR

## H. FEUILLERET

## TOURS

### ALFRED MAME ET FILS

ÉDITEURS

# LES SUCCESSEURS

## DE

# SIR JOHN FRANKLIN

1ᵉ SÉRIE PETIT IN-8°

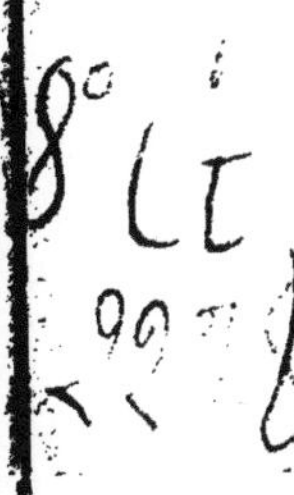

PROPRIÉTÉ DES ÉDITEURS

# LES SUCCESSEURS

DE

# SIR JOHN FRANKLIN

SCÈNES ET TABLEAUX

## DES MERS ARCTIQUES

PAR

## H. FEUILLERET

TOURS

ALFRED MAME ET FILS, ÉDITEURS

M DCCC LXXXVIII

# INTRODUCTION

Il y a quelques années, nous avons offert à la jeunesse studieuse un volume : *Voyages à la recherche de Franklin*. Depuis la publication de cet ouvrage bien des événements se sont passés, bien des voyages ont été entrepris pour explorer les rivages ignorés des terres polaires, pour découvrir un passage au pôle nord, à travers l'inextricable réseau des îles, des presqu'îles, des canaux, des banquises des régions arctiques. On a interrogé de bien des côtés le redoutable sphinx qui a dévoré de nombreuses victimes et n'a pas encore livré son secret. Et voyez comment s'enchaînent, sous le doigt de Dieu, les travaux de l'homme et les découvertes de la science. Les premiers navigateurs n'avaient eu pour objectif que le passage de l'océan Pacifique à l'océan Atlantique, soit par le nord de l'Amérique, soit par le nord de la Russie. Un hardi navigateur, à la recherche de ce passage, s'était égaré et finalement perdu au milieu des banquises qui entourent la *Terre Victoria*. En cherchant les restes de l'expédition de Franklin, Mac-Clure découvre le fameux passage nord-ouest. Puis sont venus le docteur Kane et son compagnon Morton, qui, en cherchant le passage, ont cru reconnaître la mer libre du pôle.

La question en est là. Les deux pôles sont-ils recouverts d'une calotte solide, formée de glaciers ou de terres glacées, impénétrables pour les vaisseaux, accessibles seulement aux traîneaux? Ou bien existe-t-il au pôle nord une mer libre et accessible en toute saison? Telles sont les deux hypothèses qui partagent le monde savant. En attendant qu'elles soient résolues dans un sens ou dans un autre, et pour aider nos jeunes lecteurs à comprendre les récits qui forment l'objet du présent volume, nous allons essayer de leur donner une idée sommaire de la géographie des contrées boréales.

Supposons que l'on s'élève en ballon à quelques lieues au-dessus du pôle arctique de manière à pouvoir embrasser et distinguer la portion du globe circonscrite par le cercle polaire [1]. Si la vue était assez perçante, on apercevrait

---

[1] Nous n'avons pas besoin de dire que nous faisons ici une supposition toute gratuite.

une ligne de côtes, tantôt nette et définie comme
au nord de l'Asie et de l'Europe, tantôt vague
et indécise comme au nord de l'Amérique. En
deçà de cette zone, c'est-à-dire autour du pôle,
le regard embrasserait d'immenses plaines de
glaces et de neige, des amas d'eau ou mers
libres, des *polymias* réchauffées par les courants équatoriaux qui viennent lécher la base
des icebergs et les dissoudre avec fracas.

Le tableau que nous venons d'esquisser acquiert plus de netteté et de précision, si l'on
jette les yeux sur la carte des régions arctiques.
Il existe des mappemondes dans lesquelles les
deux hémisphères sont représentés suivant la
projection de l'axe de la terre, montrant, par
conséquent, les deux pôles au centre même des
deux cercles hémisphériques. De ce centre, qui
est un des deux pôles, rayonnent les méridiens.
Un de ceux-ci, le méridien de Paris, coupe les
régions arctiques en deux parties égales, de la
mer de Behring à la mer du Nord. A 23 degrés
et demi du pôle (environ six cents lieues), le
cercle polaire arctique entame une portion des
continents et comprend leurs extrémités s'allon-
geant vers le pôle, comme autant de bras au
contour plus ou moins défini : ici c'est le cap
Sévéro et la Nouvelle-Zemble ; là, le Spitzberg
et l'Islande ; ailleurs, le Groënland et la terre
de Grinnell, le continent le plus voisin du pôle.
Si l'on suit du doigt le cercle polaire sur la

carte, à partir de la Suède et en allant de l'ouest à l'est, on le voit entrer dans la presqu'île scandinave au-dessus des îles Loffoden, au pied des vastes glaciers de Findalen, séparer la Laponie de la Finlande, pénétrer dans la mer Blanche, traverser ensuite toute la Russie et l'Asie septentrionale en coupant à angle droit les grands fleuves qui descendent vers l'océan Glacial : la Petchora, l'Obi, l'Iénisseï, la Léna, etc. Le cercle traverse le détroit de Behring, partage l'Amérique russe, franchit la rivière de Mackensie, le lac Grand-Ours, le pays des Esquimaux, le canal de Fox, l'île Cumberland, le détroit de Davis; il coupe la partie sud du Groënland et vient raser la pointe nord de l'Islande avant de revenir en Suède à son point de départ.

Si au dedans de ce cercle on en trace un autre nécessairement plus petit, lequel aurait pour rayon une longueur de 10 degrés, on décrira le 80e cercle parallèle, lequel comprendra la région polaire proprement dite, avec ses mystérieuses profondeurs non encore explorées, mais qui sont aujourd'hui l'objectif de toutes les expéditions arctiques. A 80 degrés on est encore à quatre cents lieues du pôle. Ce cercle couperait encore quelques terres, le nord du Groënland, la terre de Grinnell, le groupe d'îles récemment découvertes au nord-est du Spitzberg.

Un fait qui paraîtra d'abord inexplicable pour ceux de nos jeunes lecteurs qui ne sont pas en-

core familiarisés avec la géographie astrono-
mique, c'est la longueur démesurée des jours
et des nuits polaires. Et pourtant ce fait, en
apparence si extraordinaire, est la conséquence toute naturelle d'un autre fait. Personne
n'ignore, en effet, que la terre, en tournant
autour du soleil, semble s'incliner devant lui;
si elle marchait toute droite, c'est-à-dire si son
axe était toujours perpendiculaire sur le cercle
qu'elle décrit annuellement autour du soleil,
les nuits, pendant toute l'année, seraient égales
aux jours, et les uns et les autres seraient exactement de douze heures. Mais comme cet axe est
incliné sur l'orbite terrestre, il en résulte que
les deux pôles sont alternativement exposés
à recevoir les rayons solaires. Pendant six mois,
c'est le pôle nord qui est éclairé, tandis que le
pôle sud est plongé dans l'ombre. Pendant les
six autres mois, c'est le tour du pôle sud d'être
éclairé. Il y a donc aux pôles des nuits et des
jours de six mois. A mesure qu'on s'avance des
pôles à l'équateur, la durée du jour et de la
nuit varie suivant la latitude. A 70 degrés, par
exemple, le soleil ne se couche point pendant
environ soixante-cinq jours et ne se lève pas
pendant un nombre à peu près égal de jours;
à 80 degrés, il reste sur l'horizon pendant cent
trente-quatre jours et au-dessous pendant cent
vingt-sept jours. Il a suffi d'une faible incli-
naison de l'axe terrestre sur le plan de l'orbite

pour amener ces conséquences, qui rentrent dans l'ordre régulier et providentiel de l'univers.

Il est inutile d'ajouter qu'à l'équateur, ainsi que le mot l'indique, les jours sont égaux aux nuits, et que les uns et les autres sont de douze heures.

Toutefois il ne faut pas croire que les nuits polaires soient accompagnées d'une obscurité complète. Le reflet des glaces et des neiges, recouvrant d'immenses solitudes, y tempère l'horreur des ténèbres. L'éclat de la lune y est si vif, qu'on peut lire à sa clarté comme en plein jour. Les crépuscules s'y prolongent au point de former des jours sans fin, alors même que le soleil est descendu sous l'horizon. Au pôle boréal, par exemple, règne, du 21 mars au 21 septembre, un jour de six mois, suivi d'un crépuscule de cinquante-trois jours; après quoi vient une obscurité complète de deux mois et demi, puis un nouveau crépuscule de cinquante-trois jours. Enfin les nuits sont parfois illuminées par le splendide phénomène des aurores boréales, qui projettent leurs derniers reflets jusque dans nos contrées tempérées.

Les régions arctiques sont le théâtre de bien d'autres phénomènes déjà décrits dans un précédent volume, ou qui trouveront place dans le présent ouvrage. Les voyageurs ne se lassent pas de nous décrire les phénomènes lumineux des régions arctiques. Ils insistent plus particulièrement sur les phénomènes de réfraction, le mirage, par exemple, qu'on croirait être plus particulièrement l'apanage du désert, et qu'on retrouve avec surprise dans la région des glaces.

Nous n'avons pas oublié, pas plus ici que dans notre premier volume, que c'est à la jeunesse chrétienne que nous nous adressons. Nous n'entendons pas parler seulement de ce respect des mœurs invoqué déjà par un ancien : *maxima debetur puero reverentia.* C'est la première règle que doit s'imposer quiconque a l'honneur d'écrire pour elle. La religion, qui est le premier et le dernier mot de la vie, a droit à tous nos hommages. Toutes les fois que l'occasion s'en présente, nous ne manquons pas de faire observer que c'est précisément aux limites extrêmes où expirent la civilisation et, pour ainsi dire, la nature animée, en présence des scènes sublimes ou terribles des régions polaires, que le nom de Dieu vient naturellement sur les lèvres ou sous la plume du navigateur ou du marin. Dans ces contrées dépouillées de ce qui fait le charme de nos climats tempérés, la religion, si elle a été par hasard méconnue, reprend tout son empire. Où l'on croyait n'avoir à s'occuper que de science et de découvertes, on fléchit le genou et on lève les yeux vers le ciel; on cherchait le pôle nord, et on trouve Dieu!

Paris, avril 1875.

# LES SUCCESSEURS

DE

# SIR JOHN FRANKLIN

## CHAPITRE PREMIER

### J. HAYES

L'*United-States.*

Nous avons, dans un précédent volume[1], résumé le voyage du docteur américain Kane. Cet intrépide navigateur avait eu pour compagnon, dans son expédition de 1852-1855, le docteur américain Hayes, qui entreprit de pousser plus avant les explorations arctiques. La terre de Grinnell, qu'il avait découverte dans un premier voyage, devait lui servir de base d'opérations. Il en avait suivi les rivages jusqu'au 80ᵉ degré de latitude. Il était convaincu que l'Océan ne pouvait être gelé autour du pôle nord, et que si l'on parvenait à percer la formidable ceinture de glace qui s'adosse aux terres les plus septen-

[1] *Voyages à la recherche de Franklin*, p. 140.

trionales de l'Amérique et de l'Asie, on parviendrait
à la mer libre du pôle. L'expédition de Kane, les
explorations antérieures de Scoresby, de Wrangel
et de Parry le fortifiaient dans ses conjectures. Il
s'avancerait par le détroit de Smith jusqu'au 80e degré; les glaces ne l'empêcheraient pas de transporter
à l'aide d'un traîneau un canot qu'il lancerait enfin,
au delà des glaces, dans la mer libre, pour atteindre
le pôle nord, objectif de toutes les entreprises de ce
genre.

Il fallait faire partager cette conviction à un public
déjà blasé sur les expéditions au pôle nord, expéditions si souvent manquées. Le monde savant se
montrait indifférent, sinon hostile, au projet du docteur Hayes. Il y avait de quoi rebuter un esprit moins
convaincu. Mais Hayes avait une volonté ferme, un
but déterminé, une constitution solide et vingt-cinq
ans. Il fit des conférences, les répéta partout, joua
le rôle de la goutte d'eau qui finit par creuser la
pierre, ramena à lui les esprits les plus prévenus, et
triompha enfin du mauvais vouloir du monde savant.
Les Sociétés de géographie de Paris et de Londres
lui prêtèrent mieux qu'un concours honorifique.

Le nerf de toutes les entreprises de ce genre, c'est
l'argent. Quand le docteur Hayes eut réuni les fonds
nécessaires, il acheta et équipa le *Spring-Hill*, qu'il
débaptisa pour lui donner le nom d'*United-States*,
en l'honneur de son pays. Le navire était une goélette jaugeant 143 tonneaux et d'un tirant d'eau de
2 mètres 43. Il s'adjoignit, comme compagnon de
voyage, Auguste Sonntag, second à bord, et treize
autres personnes, parmi lesquelles on comptait un
officier de manœuvre, un aide astronome, un secrétaire, un contremaître faisant l'office de charpentier,
deux volontaires et cinq matelots.

Rencontre d'un *iceberg*.

La goélette *l'United-States* quitta le port de Boston
le 7 juillet 1860 et se dirigea sur le cap Farewell,
qui, comme on sait, forme l'extrémité méridionale
du Groënland. Le 30 juillet elle passait sous le cercle
polaire et saluait d'une salve de canons son entrée
définitive dans les régions arctiques. On n'apercevait
pas encore la côte de cet étrange continent, moitié
terre, moitié glace, qu'on appelle le Groënland, c'est-
à-dire la Verte-Terre, sans doute à cause d'un semblant de verdure dont la côte n'est pas absolument
dépourvue quand arrive l'été dans ces tristes régions.
Mais on avait rencontré le premier glaçon, vu le
soleil à minuit, et on était entré décidément dans le
jour sans fin. Voir le soleil quand votre montre,
conservant l'heure de Boston, marque minuit, n'avait
rien qui surprît le docteur; mais les hommes étrangers à ce spectacle erraient çà et là sur le pont, et
ne pouvaient dormir dans l'attente du crépuscule,
l'ordinaire précurseur du sommeil.

Mais voici un autre spectacle toujours prévu, toujours nouveau : c'est la rencontre du premier *iceberg*.
« En entendant la mer se briser avec fureur contre
la masse encore enveloppée de brume, dit la relation
du D<sup>r</sup> Hayes, la vigie fut sur le point de crier :
« Terre ! » Mais bientôt le formidable colosse émergea
du brouillard et venait droit sur nous, terrible et
menaçant; nous nous hâtâmes de lui laisser le champ
libre. C'était une pyramide irrégulière d'environ
90 mètres de largeur et 45 mètres de hauteur; le
sommet en était encore à demi caché dans la nuée;
mais l'instant d'après celle-ci, brusquemment dé-
chirée, nous dévoila un pic étincelant autour duquel
de légères vapeurs enroulaient leurs volutes capri-
cieuses. Il y avait quelque chose de singulièrement
étrange dans la superbe indifférence du géant. En

vain les ondes lui prodiguaient leurs plus folles caresses : froid et sourd, il s'éloignait, les abandonnant à leur plainte éternelle[1]. »

Au commencement du mois d'avril, la goélette passa devant la baie de Disco. Le 6 du même mois, elle mouillait en face de la petite ville groënlandaise de Prœven, où l'équipage recevait une hospitalité bienveillante de la part des habitants. Leurs maisons, si l'on peut donner ce nom à de pauvres cabanes de pierres et de gazon recouvertes de planches sur lesquelles l'herbe avait poussé, manquaient la plupart de toiture; enfin une douzaine de tentes de peaux de phoques étaient perchées çà et là parmi les rochers. Le tout était décoré du nom pompeux de ville. Il est vrai qu'on y remarquait l'*hôtel du gouvernement,* espèce de grange d'un aspect un peu plus régulier, et quelques magasins ou comptoirs pour les fonctionnaires danois. Hayes recruta à Prœven une douzaine de chiens dont il devait tirer un grand secours pour ses futures explorations. Malheureusement presque tous étaient vieux. On n'en comptait que trois ou quatre jeunes.

Le 12 août, la goélette, quittant Prœven, mettait le cap sur Upernavick, la dernière station danoise et la dernière ville de la côte occidentale du Groënland, si l'on peut, encore une fois, donner le nom de ville à une réunion de quelques misérables cahutes recouvertes de neige et pouvant contenir en tout de deux à trois cents habitants. Le court séjour qu'y fit Hayes fut attristé par la mort du contremaître, charpentier de la goélette. C'était une perte doublement regrettable : d'abord, parce qu'elle pri-

---

[1] J. Hayes, *la Mer libre du pôle,* édition rédigée par M. Belin de Launay, p. 12.

vait le docteur d'un collaborateur utile et actif ; ensuite parce que ce contremaître était, avec Sonntag, le seul qui connût la navigation dans les mers arctiques. A Upernavick, le docteur enrôla trois chasseurs pour le gibier polaire et un interprète pour la langue des Esquimaux. Enfin il réussit à prendre encore avec lui deux marins danois, ce qui porta à vingt le nombre des personnes à bord de l'*United-States*.

On voit expirer à Upernavick les derniers signes de la vie civilisée, et l'on sent que l'on va entrer dans un autre monde, où l'homme, en face d'une nature étrange, excessive, ne peut plus guère compter que sur soi.

En remontant au nord la côte du Groënland, on s'enfonça dans un inextricable dédale d'icebergs si rapprochés et si effilés, qu'on aurait pu les prendre pour les flèches élancées d'une cathédrale gothique. On eût dit une forêt d'un nouveau genre, dans laquelle les arbres étaient remplacés par les colonnes blanches de neige des icebergs. La goélette mit quatre longs jours à cheminer péniblement à travers les défilés de cet interminable labyrinthe, non sans danger d'être écrasée sous la pression de ces masses flottantes.

Dans la soirée du 21 août, on jeta l'ancre près d'une berge où se dressaient quelques tentes de peaux de phoques et deux ou trois huttes couvertes d'herbes et de mousses. Cette espèce de port se nommait *Tessuissack*. Le docteur Hayes put y compléter son attelage de chiens, qui comptait désormais une trentaine de ces animaux si précieux pour les expéditions polaires. Seulement à bord leurs hurlements affreux empêchaient les hommes de dormir.

Il fallait se hâter de gagner la baie de Melville.

La saison s'avançait; la température était arrivée au-dessous du point de congélation. Si l'on ne se pressait pas, on s'exposait à se laisser enfermer par les glaces.

Par un brouillard épais, l'*United-States* prit la direction du cap York. Il doubla le cap Alexandre, qui se dresse en regard du cap Isabelle, semblables à deux sentinelles géantes qui garderaient l'entrée du détroit de Smith. On n'était plus, ainsi que le disait le docteur au maître coq [1], qu'à quinze cents kilomètres du pôle nord !

Les masses de glaces s'accumulaient, et leur nombre commençait à devenir inquiétant. Le vent qui soufflait du nord enrayait la marche du navire, qui, peu libre de ses mouvements, finit par se laisser enfermer dans un étroit espace triangulaire formé par le contact de trois champs de glace. La pression exercée, les unes sur les autres, par ces masses énormes se traduisait en grincements, en craquements horribles. Comme elles se rapprochaient peu à peu du navire, la situation devenait critique. Nous laissons le docteur Hayes nous raconter lui-même cette terrible péripétie :

« La goélette gémit comme un mourant dans sa dernière agonie, et tremblant dans chacune de ses membrures, depuis les pommes des mâts jusqu'à la quille, elle se tordit et se débattit comme pour échapper à cette formidable étreinte. Les flancs allaient céder; les rivures du pont se courbèrent en dessus, et les coutures des bordages s'ouvrirent. Je la crus perdue, cette pauvre goélette qui nous avait

---

[1] Le maître cuisinier.

si bravement portés au milieu de tant de dangers ; mais les murailles étaient solides et ses couples résistants. La glace à bâbord, agissant peu à peu sur les œuvres vives, détermina une secousse qui nous fit tous chanceler et souleva le navire ; les glaçons s'amassaient, se pressaient toujours ; de leurs débris se formait graduellement un entassement immense autour et au-dessous de nous ; et, comme si un millier d'énormes crics eussent à la fois travaillé sous le bâtiment, nous le sentions s'élever doucement au-dessus de la surface de la mer. Je craignais maintenant qu'il ne finît par se coucher sur le côté, ou que les masses qui se dressaient au-dessus de nos bastingages ne vinssent à s'écrouler, et, retombant sur le pont, ne nous ensevelissent sous leurs décombres. Huit mortelles heures se passèrent dans ces angoisses. Par bonheur, cette terrible torture finit par se relâcher, l'ennemi s'éloigna en tournant sur lui-même ; la pression cessant tout à coup, le navire retomba dans l'eau en oscillant d'avant en arrière et de droite à gauche. Il fut longtemps agité d'un roulis formidable, pendant que la glace, cherchant à retrouver son équilibre, plongeait avec bruit dans la mer, et se vautrait près de nous avec une sauvage énergie. Quand nous fûmes délivrés du péril, notre premier soin fut de visiter notre navire : la cale se remplissait d'eau à vue d'œil, le gouvernail était fendu et avait deux aiguillots cassés, l'étambot était enlevé, et des morceaux de l'étrave et de la quille flottaient le long du bord. »

Dans cette situation si bien décrite par le docteur Hayes, il ne fallait pas songer à aller plus avant. On dut, au contraire, rétrograder et se hâter de regagner, non sans peine, la baie de Hartstène, qui offrait un abri commode déjà éprouvé quelques jours auparavant. Et ce fut à la grande joie de l'équipage, que les dangers passés et les travaux récents avaient mis à une rude épreuve.

A peine la goélette était-elle entrée dans la baie, que la glace se refermait derrière elle. La voilà donc prisonnière pour de longs mois, au milieu des glaces et des neiges, condamnée à un hivernage dont le docteur Hayes, toujours si scrupuleux, si exact, nous raconte les événements dont nous allons nécessairement abréger le récit.

La baie de Hartstène, qui allait être désormais le centre et le point de départ des explorations futures, et que le docteur Hayes appela le *port Foulke,* du nom d'un de ses amis, avocat à Philadelphie, était une petite crique bien enfoncée au milieu de rochers escarpés, d'un aspect lugubre, formant des falaises de syénite. A l'entrée, trois petits îlots désignés sur les cartes sous le nom des *Trois-Jouvenceaux,* auquel Hayes s'empressa de substituer les noms de trois hommes de l'équipage.

Hiverner ! mot terrible, car c'est l'inconnu ! Cette prison de glace dans laquelle on est enfermé, quand s'ouvrira-t-elle ? Il faut s'attendre à passer de longs jours et de longues nuits ; se préparer un abri sur le rivage, s'y construire des huttes de neige, s'y ménager des provisions, des armes et tout ce qui est nécessaire pour chasser, car la chasse va désormais jouer un grand rôle dans l'existence des marins de l'*United-States,* dans l'alimentation de la petite colonie ; hiverner, c'est détacher les voiles du navire, descendre les vergues, mettre à l'abri du froid tout ce que les gelées peuvent atteindre, couvrir le pont d'un toit en planches, convertir la cale en cabine pour servir de lieu de réunion aux hommes de l'équi-

Chasse au renne.

page, établir enfin une *fondeuse* pour recueillir l'eau pure provenant de la fonte de la neige.

Le 1er octobre, ces préliminaires étant accomplis, on pendit la crémaillère. Il fallait bien, pour inspirer confiance à tous, égayer un peu la situation. Le saumon comme entrée, le renne et le lièvre comme rôti, formaient la base du festin, auquel faisait honneur l'appétit des hommes, doublement aiguisé par le labeur des derniers jours et par l'air vif du climat. Les chiens ne furent pas oubliés, mais leur estomac se montrait plus exigeant. Il ne fallait pas moins qu'un renne à chaque repas. Leur voracité ne connaissait pas de limite. Quand ils n'avaient pas leur ration ordinaire, ils se jetaient sur tout ce qu'ils trouvaient, et dévoraient indistinctement des cuirs de bottes, des courroies, des bas de fourrures, des blagues à tabac, le tabac compris, des morceaux de savon, etc. etc. Ils se seraient jetés sur les hommes eux-mêmes, si les hommes ne se fussent préservés contre leur avidité gloutonne. Heureusement le renne n'était pas rare, et le docteur Hayes raconte qu'il en tua trois dans une heure.

Ces premiers moments, relativement heureux, firent place à une angoisse inexprimable. Le 15 octobre, le soleil disparaissait pour quatre mois derrière les collines méridionales du Port-Foulke. Pour expliquer ce phénomène, rappelons en peu de mots ce qui se passe autour de nous. On sait que les jours et les nuits n'ont pas une durée égale, sauf aux deux époques de l'année appelées *équinoxes* (21 mars et 21 septembre). Cette inégalité croît à mesure que l'on s'avance vers les pôles. Déjà aux cercles polaires la différence est de vingt-quatre heures, c'est-à-dire que le plus long jour et la plus longue nuit y sont de vingt-quatre heures. Aux deux pôles l'écart est de six mois, et l'année s'y divise invariablement en deux parties : un jour de six mois suivi d'une nuit de six mois. Entre les cercles polaires et les pôles, l'écart varie suivant la latitude. A Port-Foulke, par exemple, c'est-à-dire à 78 degrés environ de latitude nord, le plus long jour et la plus longue nuit sont de quatre mois. Le docteur et ses compagnons s'attendaient à cette disparition du jour; elle n'en fit pas moins sur la petite colonie la plus profonde impression. « Pendant les cinq dernières semaines, dit le docteur Hayes, nos soucis et nos travaux nous avaient à peine laissé remarquer le déclin du jour; il s'était évanoui lentement, et la morne nuit arctique, qui succédait aux ombres grandissantes, nous faisait maintenant sentir pour la première fois que nous étions vraiment seuls dans le désert polaire. »

Ailleurs le docteur décrit très bien le malaise moral qui résulte de cette longue interruption du jour. Il rappelle avec quel bonheur pour l'homme « lẽ gai soleil levant appelle au travail », et combien cette succession régulière et intermittente des jours et des nuits, précédés de crépuscules, douces et paisibles transitions des uns aux autres, allège le labeur de la vie en le coupant en périodes déterminées ni trop longues ni trop courtes.

Toutefois dans ces régions, qui semblaient les régions de la mort, l'obscurité n'était ni complète ni continue. Quand le temps était serein, elle s'effaçait sous les feux de la lune et des étoiles. La clarté qu'elles projetaient, augmentée par l'éblouissante blancheur de la neige, produisait une sorte de crépuscule monotone, suffisant pour qu'on pût lire sans le secours d'aucune autre lumière. C'est dans ces intervalles de demi-obscurité que l'équipage de l'*United-States* pouvait se livrer à la chasse, aux courses en traîneaux et aux travaux du dehors. Donc, quand le froid n'était pas trop vif, on attelait les chiens aux traîneaux et l'on commençait ces chasses difficiles, parfois dangereuses, mais presque toujours productives; car le renne, le renard blanc, le bœuf musqué fournissaient une viande fraîche qui délassait de la nourriture, échauffante et fatigante à la fois, des salaisons et des conserves. Ajoutons le morse, dont la chasse n'est pas sans danger.

Voici d'ailleurs quel était l'emploi de la journée. Et par *journée* il faut entendre ici une période de vingt-quatre heures, montre en main, puisque le soleil ne réglait plus le cours de la journée. On se levait à sept heures et demie. Le premier déjeuner avait lieu une heure plus tard. A une heure la collation, et le dîner à six heures. Pendant que les veilleurs se promenaient à tour de rôle sur le pont de la goélette, le commandant rédigeait son journal. Après dîner, il faisait un whist avec les officiers ou une partie d'échecs avec son lieutenant. On se couchait à neuf heures. *Tous les jours* se suivaient et se ressemblaient. Le second remettait *chaque soir* au commandant le tableau des observations atmosphériques, un autre le journal du bord.

Après le déjeuner, un officier faisait l'appel des hommes, qui se mettaient ensuite à balayer le pont, à nettoyer et garnir les lampes, tandis que d'autres allaient demander à la fondeuse la ration d'eau nécessaire. On donnait à manger aux chiens; on faisait la distribution du charbon; on ouvrait la cambuse, et le maître d'hôtel choisissait les provisions pour la cuisine. Avant la collation, tout le gros travail était terminé. Chacun était libre alors; mais le docteur avait établi, comme règle absolue, que deux heures de travail devaient être suivies de deux heures de

promenade au moins. Et il donnait l'exemple. Il se
faisait conduire en traîneau autour de la baie, grim-
pait sur les collines ou se hasardait au loin sur les
glaces. Autant que la discipline le permettait, il
tâchait de maintenir de bonnes habitudes parmi ses
hommes et même de leur offrir quelques distrac-
tions. S'il exigeait de leur part la déférence qu'on
doit au chef, il adoucissait la sévérité du règlement
par des attentions et des égards dont ils étaient tou-
chés. La vie eût été impossible sans la bonne har-
monie parmi la petite colonie. Le *dimanche* était
scrupuleusement observé. C'était un retour aux
usages de la patrie. C'était plus : un hommage public au Créateur.

Pour introduire une agréable diversion dans les
ennuis de ce long hivernage, le docteur fonda un
journal, un vrai journal, avec cette différence qu'il
n'était pas imprimé : *Le Courrier hebdomadaire du
Port-Foulke*. Le titre était un peu long, mais les
articles étaient courts et variés, malgré le petit
nombre d'événements qui pouvaient se produire en
une semaine; car, ainsi que le comportait son titre,
*le Courrier du Port-Foulke* était un journal hebdomadaire. Si la vie monotone que l'on passait à bord
ou autour de la baie n'était pas riche en événements,
chacun apportant sa petite provision de faits divers,
tout cela finissait par former un bulletin où l'élé-
ment comique n'était pas toujours absent. Le premier
numéro se composait de seize pages d'une écriture
fine et serrée, et contenait une esquisse assez ambi-
tieuse du Port-Foulke, un portrait de sir John
Franklin, des énigmes et même des calembours.
Parmi les nouvelles du jour, *le Courrier* enregistrait
successivement la mort de presque tout l'attelage de
chiens. Vingt-quatre sur trente-six avaient suc-

combé sous les atteintes de la peste, qui n'est pas
étrangère à ces climats. C'était là une perte doublement fâcheuse, les chiens étant d'un secours précieux, soit pour tirer les traîneaux, soit pour chasser
l'ours et les autres animaux. On attelle ordinaire-
ment douze chiens à un même traîneau. Le harna-
chement est peu compliqué. Un seul trait de même
longueur suffit. Le fouet, au contraire, joue un grand
rôle, car il est à la fois la bride et l'aiguillon. C'est
le fouet qui dirige l'attelage à droite, à gauche. Il
est fait d'une mince bande de cuir de phoque, non
tanné, se terminant par une lanière de cuir durci,
propre à cingler l'animal jusqu'au sang. Sa grande
légèreté le rend par là même difficile à manier. Si
les chiens ne sentent pas la direction d'une main
ferme et exercée, ils courent à l'aventure, tirant le
traîneau çà et là, à la poursuite du gibier dont ils
sentent la piste. Il faut les fouetter jusqu'au sang
pour les faire rentrer dans le devoir, c'est-à-dire
dans la ligne dont ils ne doivent pas s'écarter.

Quant à l'utilité des chiens pour la chasse, elle
ne se démontre pas. Pour apprécier leur mérite, il
faudrait les voir à l'œuvre dans une chasse aux ours,
que le docteur Hayes raconte d'une manière si dra-
matique, mais dont la longueur du récit ne nous
permet qu'une froide analyse.

Sonntag, le second de la goélette, était parti en
traîneau, lorsque leur flair signala la présence d'un
gros animal. C'était une ourse et son petit, qui dor-
maient sur le versant d'une chaîne de glaçons. Réveillés par les cris des chiens, ils se dirigèrent vers
les crevasses ouvertes à une distance de près de deux
lieues. Les chiens, les poursuivant à toute vitesse,
emportaient les traîneaux à travers les hummocks
ou les ravines pleines de neige, sur les pointes

aiguës qui hérissaient la surface du sol glacé. Dans leur poursuite obstinée, ils avaient diminué la distance qui les séparait de l'ennemi; l'ourse avait encore de l'avance sur eux, mais elle s'arrêtait souvent, pour hâter la marche de son petit, qu'elle ne voulait pas abandonner. Ici commence le drame. Arrivés à cinquante mètres, les conducteurs lâchèrent les chiens, qui s'élancèrent comme un trait vers leur proie en poussant d'affreux hurlements. La mère, voyant désormais toute fuite impossible, prit une attitude de combat; son petit ourson s'était réfugié dans ses jambes. Vingt-deux chiens, affamés de carnage, allaient livrer l'assaut à cette citadelle vivante. Tous arrivaient en masse; de ses pattes puissantes, l'ourse écarta les assaillants, qu'elle jeta les uns à droite, les autres à gauche; un seul tomba expirant sous ses griffes. Cependant les chiens faisaient cercle autour de l'énorme bête, qui allait être attaquée en tête, en queue et sur les flancs. Le jeune ourson imitait sa mère tant qu'il pouvait, et peu s'en fallut qu'il n'étouffât un chien entre ses jeunes pattes, tant son ardeur était grande. Un chien était mort, un autre allait succomber, lorsque les conducteurs de traîneaux, avisant un moment où l'ourse était à découvert, firent feu sur elle et l'atteignirent à la gueule et à l'épaule. La malheureuse bête blessée, mais non mortellement, toute ruisselante de sang, n'en était pas moins acharnée à défendre la vie de son nourrisson. Quand elle le vit, lui aussi, blessé grièvement, venir expirer entre ses pattes, elle oublia tout, sa blessure, son danger, la meute furieuse qui la déchirait, et se mit à lécher son petit avec une tendresse passionnée; puis elle se retourna vers ses bourreaux avec un redoublement de rage. Cette scène de sang eut une fin. Frappée à l'épine dorsale d'une balle de carabine, l'ourse roula à son tour sur la neige.

Ces épisodes dramatiques sont rares dans le livre du docteur Hayes; mais il faut reconnaître qu'il les raconte d'une manière saisissante. Nous trouvons encore une chasse aux morses, mais dans laquelle les chiens n'interviennent pas.

Revenons au journal du bord, du docteur, et enregistrons les événements principaux, en suivant l'ordre chronologique.

22 décembre (1860). — Le soleil atteint sa plus grande déclinaison australe. C'est ce qu'on appelle le solstice d'hiver, et pour les habitants du Port-Foulke, on était au minuit polaire.

24 décembre. — On annonce la fête de Noël, qui sera célébrée par cet équipage protestant.

1<sup>er</sup> janvier (1861). — « Nous venons de sonner à la fois le glas de l'année passée et la naissance de l'an de grâce 1861. Aussitôt que l'horloge sonna *minuit*, la cloche du bord donna le signal, et, de la gueule de notre caronade, une brillante flamme s'élança dans les ténèbres; nos feux d'artifice sifflèrent et pétillèrent dans l'air serein. A la lueur des fusées et des flammes de Bengale, projetant sur la neige une étrange et fantastique lueur, le bruit retentissant du canon et le branle de la cloche, répétés par les échos des gorges avoisinantes, semblaient être les voix des esprits de la solitude, brusquement tirés de leurs repos. »

5 janvier. — Il n'y a plus un seul chien. Le dernier, *General*, est mort. Le docteur le remplace par

un jeune renard, qui pèse deux kilos et qui répond au nom de *Birolie*. Ici une charmante description de « la plus futée petite créature qu'on puisse voir », dont Hayes entreprend l'éducation. Cela lui fait une diversion pour supporter l'horreur de la nuit polaire qui continue à peser sur la nature entière. Sans doute la vie physique peut n'être point troublée par cette longue interruption de la lumière solaire; mais combien sont péniblement affectées les facultés morales et intellectuelles! Hayes fait un tableau saisissant de la nuit arctique. Ce qui le frappe surtout, ce qui l'affecte profondément, c'est la solitude, la tristesse et le silence; « le silence profond, sinistre et ténébreux, qui se transforme en terreur; le silence qui a cessé d'être une chose négative, qui est doué d'attributs positifs; le silence que l'on écoute, que l'on voit, que l'on sent [1] ! »

« Non, dit-il en terminant son éloquente description, il n'est rien de plus effrayant dans la nature que le silence de la nuit polaire. »

*17 février.* — Rien d'important dans le journal du docteur. Demain le soleil doit poindre derrière le cap Alexandre. La colonie se renforce de plusieurs Esquimaux et de quelques chiens. Les uns et les autres sont les très bien venus : les premiers, à cause des renseignements qu'ils peuvent donner; les autres, à cause des services qu'ils peuvent rendre.

*18 février.* — Chacun est à son poste pour voir le soleil se lever. Il ne fait qu'une courte apparition. Visite de politesse. Il faudra attendre douze jours

---

[1] On se rappelle ce vers de Delile :

     Il ne voit que la nuit, n'entend que le silence.

environ avant qu'il dépasse la crête des collines et qu'il brille sur le port.

16 mars. — Autour de la pointe du *soleil levant*, la surface de la mer se solidifie entièrement pour la première fois. Le docteur Hayes s'y rend en traîneau, mais il trouve la glace raboteuse et peu solide.

17 mars. — Le lendemain, Hayes découvre à la base d'un cairn, visité par un des compagnons de Kane, une fiole de verre contenant la note suivante :

« Le steamer des Etats-Unis *l'Artic* s'est arrêté ici, et nous avons examiné soigneusement les lieux pour chercher les traces du docteur Kane et de ses compagnons, sans trouver autre chose qu'une bouteille, un morceau de papier à cartouche sur lequel était écrit : O. K., août 1853, » quelques allumettes et une balle de carabine. Nous repartons pour continuer nos recherches au cap Hatherthon. » Signé : « H.-J. Harstène, lieutenant commandant de l'expédition arctique, 8 heures après midi, 16 août 1855. — P. S. Si le navire *Release* trouve ceci, qu'il comprenne bien que nous continuons nos recherches et que nous nous dirigeons vers le cap Hatherthon. H.-J. H. »

4 avril. — Après plusieurs tentatives, le docteur est persuadé que la route vers le pôle nord est impossible en suivant la côte occidentale du Groënland. Il se décide à traverser le détroit de Smith, par une température excessive, 37 degrés centigrades au-dessous de zéro. A l'ombre d'un iceberg le thermomètre descendit jusqu'à 58 degrés. Chose étonnante ! par ces froids dont nous ne pouvons avoir idée dans nos climats tempérés, le livre de Hayes est d'accord

avec les récits des voyageurs qui ne signalent que très peu d'accidents causés par les gelées. Hayes mentionne la mort d'un seul homme surpris par le froid [1].

Hayes reprend le récit de son excursion à la terre de Grinnell, la terre, paraît-il, la plus voisine du pôle. Le détroit qui la sépare du Groënland était embarrassé de gros blocs de glaces, empilés les uns sur les autres de la manière la plus confuse, en sorte qu'un voyage au milieu de ce chaos n'était pas une entreprise facile.

7 avril. — Un vent de bise souffle avec tant de violence, qu'il est impossible de mettre le nez dehors et qu'il faut rester dans des huttes de neige. Ces huttes, bâties de neige et de glace, sur le modèle de celles des Esquimaux, sont un abri suffisant contre le froid. Comme la chambre unique y est restreinte, qu'elle n'a qu'une ouverture tournée vers le midi, deux ou trois personnes y ont bientôt introduit une température relativement élevée, et même, dit-on, quelquefois insupportable.

8 avril. — La tempête redouble. Ce serait s'exposer à être gelé que de tenter l'aventure de la terre de Grinnell. Les chiens étaient presque ensevelis sous la neige, pressés les uns contre les autres et si bien couverts par le duvet glacé, qu'on ne voyait que le bout de leur nez.

9 avril. — Après deux jours de tempêtes et de bourrasques, on se remet en route à travers le chaos de glace du détroit de Smith. On n'imagine pas les

---

[1] C'est un Esquimau qui périt ainsi.

Excursion sur la glace.

difficultés d'une pareille traversée, que le docteur Hayes compare au passage du mont Saint-Bernard. Souvent la glace se brisait sous le poids des hommes, ou bien ils s'enfonçaient dans des fondrières dont la neige accumulée dissimulait la présence; et ils s'enfonçaient tantôt jusqu'à la ceinture, tantôt jusqu'aux épaules. Il y en eut un qui disparut entièrement. Un traîneau se cassa. On perdit deux heures entières à opérer le sauvetage et à transborder la cargaison. « On ne saurait, dit Hayes, inventer un genre de labeur qui détruise plus vite l'énergie des hommes et des animaux : ma petite troupe[1] y épuisait ses forces et son moral, et lorsque, après une journée de longs et rudes travaux, j'aurais presque pu atteindre notre hutte de la veille d'une balle de ma carabine, je me sentais moi-même bien près du désespoir. »

24 avril. — Voici où en était le docteur. Il n'était qu'à cinquante-cinq kilomètres de Cairn-Point. Il avait fait en moyenne *cinq* kilomètres par jour.

27 avril. — Il se décide à renvoyer une partie de sa troupe, épuisée par vingt-cinq jours de lutte et de souffrance. Il ne garde avec lui que trois de ses compagnons : Knorr, son secrétaire, l'Esquimau Jensen, le matelot Mac-Donald, deux traîneaux et les chiens nécessaires pour les tirer.

28 avril. — La séparation a été fort triste. Après les adieux d'usage, Hayes se replonge dans son chaos de glace. En présence des nouvelles difficultés qui

---

[1] Au nombre de douze personnes, officiers et matelots, avec trois traîneaux, plus un bateau sauveteur en fer de sept mètres de long, avec lequel le docteur espérait se lancer dans la mer polaire.

l'attendent, tout jusqu'ici n'avait été qu'une plaisanterie. Il ne fera plus désormais que trois kilomètres par jour. Il rencontrera à chaque pas des barrières de glace qui l'obligeront à des détours infinis. De plus, la température s'abaisse au point qu'il faudra s'empresser de s'abriter dans quelque hutte, si l'on ne veut pas s'exposer à être gelé. Le thermomètre marquait au dehors 25 degrés, tandis qu'à l'intérieur de la hutte il ne marquait plus que 9 degrés au-dessous de zéro. Cet écart s'explique par les raisons que nous avons exposées plus haut.

29 avril. — Le docteur et ses compagnons passèrent encore cette journée dans la hutte. Le sommeil était le seul moment supportable de ce mauvais gîte et l'apaisement de tant de souffrances. « Dormir est notre seul soulagement, écrit le docteur, et il est heureux que la température nous permette de nous abandonner au repos sans crainte d'être gelés vifs. Le sommeil, qui a déjà calmé les chagrins de tant de malheureux, a noyé bon nombre de mes soucis pendant ces vingt-cinq jours. »

30 avril. — Les chiens sont ce jour-là toute la préoccupation du docteur. C'est que d'eux dépend le succès de l'entreprise. Rien n'égale le mérite du service qu'ils peuvent rendre, si ce n'est leur voracité. Le docteur avait emporté huit cents livres de pâtée. Qu'était-ce que cela pour douze gueules affamées prêtes à se jeter sur tout ce qui était à leur portée ? Les harnais qui les attachaient aux traîneaux eussent passé par leurs dents, si on n'avait eu la précaution, en les dételant, de serrer tout ce qui était cuir. Les hommes eux-mêmes eussent couru risque d'être

dévorés, sans le fouet impitoyable qui éloignait la
meute terrible.

5 mai. — On n'avance pas. Les mêmes obstacles
triomphent des efforts les plus obstinés. Les hommes
sont admirables de dévouement et d'abnégation. Les
chiens ne montrent pas la même résignation. Rien
ne peut satisfaire leur appétit vorace, et pourtant
leur ration diminue chaque jour. D'un autre côté, il
faut les contenter si l'on veut se servir d'eux pour
le traîneau. Sans eux il n'eût pas été possible de
s'aventurer sur la terre de Grinnell.

11 mai. — On campe enfin sur la berge de cette île.
Un grand mois avait été employé à traverser le
détroit de Smith; il fallait maintenant, pour aller
plus au nord, s'engager dans le canal Kennedy, sur
la route suivie six ans auparavant par le docteur
Kane et son lieutenant Morton. Le canal Kennedy
est donc la suite du détroit de Smith et se dirige vers
le nord, entre le Groënland à l'est et la terre de Grinnell à l'ouest. C'est une des voies ouvertes vers le
pôle nord, ou tout au moins vers cette mer libre,
objet de tant d'hypothèses et de tentatives.
Morton était parvenu au 82e degré, en un lieu qu'il
avait appelé le cap *Constitution,* et il avait cru reconnaître l'existence d'une mer libre[1]. Hayes prétend
s'être avancé plus loin, jusqu'à plus de *cent* kilomètres du cap Constitution. Toutefois il ne distin-
guait pas encore de mer libre. Poussant sa reconnaissance plus loin encore dans le canal, tout à coup
il fut arrêté par les chiens, qui refusaient d'avancer
plus loin, et pourtant la glace tenait ferme sous le

---

[1] Voyez *Voyages à la recherche de Franklin*, p. 140 et 149.

pied. Mais l'instinct de ces animaux ne les avait pas trompés. Hayes, voulant à son tour précéder les chiens, constata que la glace cédait sous le bâton et qu'il était décidément dangereux de prolonger la reconnaissance. D'ailleurs, pour se bien rendre compte de l'état des choses, et pour voir s'il ne découvrirait pas vers l'est un passage plus direct, il se décida à gravir une colline élevée de deux cent cinquante mètres environ au-dessus du niveau de la mer. Il dominait un vaste golfe. Du milieu de ce golfe partait une large crevasse avec de nombreuses fissures et qui allait s'élargissant vers la mer; car enfin c'était la mer qu'il voyait, la mer qui dormait à ses pieds; il n'en pouvait douter, et la terre qu'il foulait était la pointe du continent américain la plus avancée vers le pôle, le pendant du cap Severo-Vostochnoï, en Asie. Convaincu qu'il avait sous les yeux la mer libre du pôle et qu'il était parvenu au point le plus septentrional qu'aucun mortel eût atteint avant lui, il fit hisser les pavillons de sa nation au lieu même où il se trouvait; puis, déchirant une feuille de son *note-book*, il écrivit ce qui suit :

« Ce point, le plus septentrional qu'on ait encore pu atteindre, a été visité, les 18 et 19 mai 1861, par le soussigné, accompagné de George F. Knorr, après un voyage en traîneau tiré par des chiens. De notre hivernage près du cap Alexandre, à l'entrée du détroit de Smith, nous sommes arrivés ici après une pénible marche de quarante-six jours. Je crois, d'après mes observations, que nous sommes à 81 degrés 35 minutes de latitude septentrionale et à 70 degrés 30 minutes de longitude occidentale. La glace pourrie et les crevasses nous empêchent d'aller plus loin. Le canal Kennedy paraît s'ouvrir dans le

bassin polaire. Aussi, persuadé qu'il est navigable
en juillet, août et septembre au moins, je retourne
à ma station d'hiver, pour essayer de pousser mon
navire au travers des glaces après la débâcle de cet
été.

« Signé : J.-J. HAYES.

« 19 mai 1861. »


Hayes introduisit cette note dans une bouteille
qu'il déposa sous un cairn; puis, calculant que la
saison était trop avancée pour tenter une autre entreprise, il songea à la retraite; mais ce n'est pas sans
amertume qu'il quittait ces lieux que nul homme
civilisé, croyait-il, n'avait foulés avant lui. Il pensait
avec orgueil aux Frobisher, aux Parry, sur les traces
desquels il avait glorieusement marché. Pénétré de
gratitude envers Celui sans la permission duquel ne
tombe pas un passereau, il lui rendit hommage, et
il consigna une note à ce sujet.

Le 8 juin, Hayes était de retour au Port-Foulke.
Il n'avait pas parcouru moins de deux mille quatre
cents kilomètres depuis le 3 avril, et, en comptant
sa première course de mars, près de trois mille (sept
cent cinquante lieues). L'état du navire ne permettait pas de faire une autre tentative au moment de
la débâcle des glaces.

Le 22 juin, le soleil atteignait le plus haut point
de son ascension au-dessus de l'horizon. La lumière
a succédé aux ténèbres, l'activité et la joie, à la solitude et à la tristesse.

Le 3 juillet, Hayes raconte une chasse aux morses
assez curieuse. C'était au moment où le soleil dardait
ses rayons obliques sur une banquise dont le bord,
baigné par la mer, était garni de deux ou trois dou-
zaines de morses paresseusement étendus sur le

dos, semblant savourer toute la douceur d'un soleil printanier. Parfois l'un d'eux poussait un cri sauvage tel que celui d'un bœuf en colère. L'attention du docteur fut attirée de ce côté. Il prit avec lui trois hommes de bonne volonté, une baleinière avec des rameurs, trois carabines, un harpon et des rouleaux de lignes. En approchant tout doucement du lieu où se trouvaient les monstres, il les vit alignés sur la berge glaciale, « semblables, dit-il, à des pourceaux gigantesques. » Leur aspect était effrayant, autant que leur nombre. Il y avait de quoi faire reculer de plus intrépides. Hayes poussa résolument en avant; mais, pour ne pas les effrayer, il mit, comme il dit, « une sourdine à ses avirons. S'il les avait réveillés avant le moment opportun, ils se fussent précipités à l'eau et eussent assiégé le canot, qu'ils auraient fait chavirer avec leurs énormes défenses. Les chefs du troupeau, deux vieux mâles, avaient bien cinq mètres de long, deux mètres de ceinture et des défenses longues d'un mètre. Les morses relevèrent la tête à l'approche du danger; puis ils se laissèrent retomber de tout leur poids, comme s'ils méprisaient de pareils ennemis. Quand les assaillants furent arrivés à trois longueurs d'embarcation de la berge, toute la bande prit décidément l'alarme. Le morse, quand il est atteint, *file,* c'est-à-dire plonge sous l'eau avec rapidité. Il faut avoir soin, et c'est en cela que consiste l'adresse du chasseur, de lui jeter le harpon à la tête et de le laisser filer en déroulant le fil de ligne auquel est fixé le harpon. Au moment donc où Hayes et deux de ses compagnons épaulaient leurs carabines, prêts à faire feu, un quatrième, froid et courageux marin, qui avait fait la pêche à la baleine, se tenait à l'avant, le harpon à la main, prêt à le lancer au premier signal. Les trois coups

Chasse aux morses.

partirent au-dessus de la tête des rameurs. Hayes commanda à ceux-ci de ramer droit à l'ennemi. Trois morses, dont un vieux, avaient été atteints; un seul mortellement. C'est lui que visa le harponneur. Le troupeau s'était plongé sous l'eau, et la ligne ne cessait de se dérouler, au point de faire craindre qu'il n'y eût pas assez de fil. Ils ne tardèrent pas à revenir à la surface, plus nombreux et poussant des cris sauvages qui « passaient de glace en glace comme le clairon des batailles ». La barque était littéralement assiégée par des centaines de morses, dont les têtes moutonnaient à la surface de l'eau, en sorte que la mer paraissait toute noire. Ici s'engagea une lutte désespérée. Comme les hommes ne pouvaient recharger leurs carabines aussi vite que le réclamait le danger, ils s'armèrent de ce qu'ils trouvèrent sous la main, de rames, de pieux, de lances, etc. Il fallait à tout prix éviter l'approche de cès animaux furieux, qui auraient fini par mettre la barque en morceaux et lancer les hommes à la mer. La présence d'esprit et le sang-froid des chasseurs triomphèrent du nombre, et après que les chefs de la troupe eurent été tués ou chassés, tous les autres plongèrent et disparurent. Le morse isolé n'est pas terrible; mais il devient redoutable par le nombre et par la fureur qui l'anime quand on l'excite. Hayes fait de ce combat une peinture saisissante.

Le 11 juillet, l'*United-States* était débarrassé de ses glaces et remis à flot. Hayes pouvait enfin songer au retour. Il fit ses adieux à ses amis les Esquimaux, et, le 14 juillet, il mit à la voile par un vent d'est, après dix mois d'un hivernage marqué par des incidents dont nous avons mentionné les plus remarquables.

Il revenait dans sa patrie pénétré des résultats suivants :

L'hiver arctique avait été possible pour des tempéraments habitués aux climats tempérés. L'équipage de l'*United-States* n'avait été atteint d'aucune maladie sérieuse, et la gaieté n'avait cessé de régner parmi les hommes.

La vie avait été possible avec les provisions du bord, les ressources de la chasse et de la pêche.

Une station avait pu être établie au Port-Foulke et pouvait être à l'avenir la base d'explorations étendues. Le Port-Foulke est un excellent centre d'opérations.

Avec un fort navire on pouvait traverser le détroit de Smith et déboucher directement dans la mer polaire.

Enfin la mer libre du pôle existait.

Tels sont les résultats scientifiques du voyage de J. Hayes. Il les a consignés dans un ouvrage fort intéressant, dont nous n'avons pu donner qu'une esquisse imparfaite.

L'intrépide explorateur glisse rapidement sur la dernière partie de son voyage. Il est vrai que dès Upernavick, où il avait jeté l'ancre, il avait appris la terrible nouvelle de la guerre de sécession, nouvelle qui lui fut confirmée à Halifax avec plus de détails : bataille de Bull's-Run, siège du fort Sumpter, soulèvement de Baltimore, destruction de l'arsenal maritime de Norfolk, perte de Harpers's-Ferry, etc.

Il dit qu'arrivé en vue de la côte de Boston, nul n'était impatient cette fois de toucher terre, tant on craignait d'apprendre une mauvaise nouvelle. Dans la guerre civile, en effet, a-t-on autre chose à apprendre? A peine était-il descendu à terre qu'il saisit le premier journal venu, et la première chose qui frappa ses yeux fut le récit de la bataille de Bull's-Bluff, où tant de Bostonais avaient péri. La ville de Boston était recouverte d'un brouillard intense. « L'atmosphère, dit-il, semblait s'être revêtue de ténèbres en signe de douleur, et mener le deuil sur les morts de la cité. »

Il ne fallait plus songer à une nouvelle entreprise dans les mers polaires. Adieu les rêves dont la science était le seul mobile. En présence des maux de la patrie, toute préoccupation étrangère doit être ajournée. « Les destinées des individus suivent toujours celles de leurs pays; dans les révolutions politiques et sociales, où les idées sont flanquées de baïonnettes et où tous les intérêts sont en jeu, il n'y a pas de place ni de loisir pour les travaux qui ne concourent pas à la défense de la patrie. »

J. Hayes termine son livre sur cette pensée, dont nous aussi avons appris, hélas! à apprécier la justesse et la vérité.

# CHAPITRE II

## C.-F. HALL

(Le *George-Henry*.)

Le docteur Hayes fait un portrait peu flatteur des Esquimaux, ou plutôt il a deux opinions bien différentes sur leur compte. Au commencement de son livre, il les dépeint bons, hospitaliers, charitables, mais d'une bonté et d'une charité relatives. A la vérité, ils ne refuseront pas de partager leur table et leur toit avec le malheureux qui vient leur demander du pain et un abri; mais ils ne se dérangeront pas pour voler au secours de leur frère qui expire de froid et de faim au milieu des glaces. De plus, l'Esquimau, qui se ferait un cas de conscience de nuire à son compatriote, ne se fait nul scrupule de voler un blanc. Cependant, à la fin de son livre, Hayes, après avoir représenté ces hommes comme des égoïstes, jaloux, dissimulés, les trouve doués décidément de quelques qualités, et il s'écrie en terminant : « J'en suis sûr, aucun être de ce vaste univers ne mérite plus que ceux-ci le dévouement du chrétien ! »

Suivant une autre assertion du même voyageur, cette race tendrait à disparaître. C'est donc le moment de l'étudier d'après des témoignages moins flottants et plus précis. Il se trouve fort à propos qu'au même temps où Hayes faisait son expédition pour atteindre le pôle nord, un autre navigateur tentait la même aventure dans les parages voisins du détroit de Smith.

Le capitaine américain Hall, désireux d'obtenir chez les Esquimaux des renseignements sur les derniers compagnons de sir John Franklin, s'embarquait, le 29 mai 1860, à bord du *George-Henry* trois-mâts du port de New-London (Connecticut), armé pour la pêche de la baleine et marchant de conserve avec le *Rescue*. Il était accompagné d'un Esquimau, nommé Kudlago, devant lui servir d'interprète. Une trentaine d'hommes composait tout le personnel des deux navires, qui devaient séjourner deux ans dans les mers arctiques, sans communication avec le reste du monde civilisé.

Des États-Unis au Groënland la route est facile et connue. Le marin, attentif aux moindres signes avant-coureurs du climat arctique, remarque d'abord certaines espèces d'oiseaux qui suivent le sillage des vaisseaux pour saisir au passage les poissons dont ils font leur nourriture; puis viennent les baleines connues sous le nom de *physales,* les plus petites, mais les plus difficiles à pêcher. La longueur du crépuscule indique déjà une latitude élevée; l'abaissement de la température des eaux de la mer annonce le voisinage des glaces, qui ne tardent pas à paraître à l'horizon sous forme de masses blanches. Voici le Groënland ! voici le détroit de Baffin.

Le Groënland, c'est-à-dire la *Terre-Verte*, est la première station de toutes les expéditions dirigées vers le pôle nord. Du cap Farewell au 67e degré de latitude, on ne compte pas moins de huit cents kilomètres de côtes abritant dans des baies commodes et sûres des havres déserts, faute de ports et de débouchés. Le pays est soumis au Danemark, qui a des gouverneurs dans les principales villes : Julianshaab, Holsteinborg et Frederikshaab. Parmi la rare population disséminée le long de la côte occidentale (la seule habitée), on ne compte pas plus de deux cent cinquante Européens sur dix mille indigènes. Ceux-ci appartiennent à la race finnoise (famille des Esquimaux), et sont dans un état de civilisation peu avancée : chasseurs nomades, ou plutôt alternativement chasseurs et pêcheurs, suivant la saison. Comme leurs ports ne sont pas libres, ils reçoivent peu d'idées du dehors. Il s'en faut que le missionnaire ait conquis sur ces âmes l'empire que la religion lui réserve. Les croyances des Esquimaux sont à l'état rudimentaire. A peine peut-on y distinguer quelques linéaments d'une théologie grossière.

La première fois que Hall vit des Esquimaux, l'impression fut pénible. C'était dans les premiers jours de l'année 1860. Il venait de quitter la côte du Groënland, de traverser le détroit de Davis, encombré par les glaces, afin de gagner la terre de Cumberland et d'aborder enfin dans la baie d'Ookorlar, où il avait jeté l'ancre par 63 degrés de latitude.

« Cependant, dit-il, si singuliers d'aspect qu'ils soient, ces sauvages sont enjoués et ont une grande propension à la gaieté. Quoiqu'ils habitent des tanières, les plus froides et les moins confortables qu'on puisse imaginer, ils sont toujours souriants. Quand ils voient un homme blanc, ils sourient ; ils sourient encore quand ils se frottent le nez avec de la neige pour l'empêcher d'être gelé, quand ils soufflent dans leurs doigts pour se réchauffer, quand ils se frictionnent avec la graisse de phoque. Sans trop insister sur la bonne humeur permanente de ces hommes, on peut affirmer que, quels que soient leur apparence et leur mode de vivre, ils sont, sans contredit, hospitaliers et bienveillants[1]. »

Tandis que les équipages du *George-Henry* et du *Rescue* se livraient à la pêche de la baleine, le capitaine Hall, qui était venu pour un autre objet, poursuivait ses études sur le caractère, les mœurs et les habitudes des Esquimaux. Il remarqua, entre autres choses, qu'ils avaient une connaissance parfaite de la topographie de leur pays, au point de pouvoir en tracer la carte avec une grande exactitude. Il trouvait, d'un autre côté, qu'ils étaient voraces et peu prévoyants. La chasse du jour était dévorée le soir sans souci du lendemain. Les Esquimaux vivent littéralement au jour le jour. Leur adresse à la chasse constitue un titre de supériorité, et si le plus adroit n'est pas le plus puissant, il est facilement le plus riche. Enfin les Esquimaux, malgré une vie de privations et un régime déplorable dans lequel le sang chaud de l'animal et la viande crue forment la base de l'alimentation, vivent longtemps, et si les hommes sont, en général, rebelles à toute idée de civilisation, il n'en est pas de même des femmes, naturellement plus accessibles aux sentiments doux et humains.

Hall connut deux Esquimaux, le mari et la femme,

---

[1] Le voyage du capitaine Hall, *Life with the Esquimaux*, London (1864), a été traduit en partie dans la *Revue britannique* et la *Revue des Deux-Mondes*. C'est à ces deux recueils que nous empruntons nos citations.

qui avaient séjourné deux ans en Angleterre. Le premier était revenu dans son pays aussi dépourvu d'idées que lorsqu'il en était parti. Sa femme, au contraire, au contact d'une société plus civilisée, avait acquis des manières polies et des habitudes d'élégance relative. Elle était même parvenue à apprendre l'anglais et à le bien prononcer. Elle avait adopté l'habillement européen; en un mot, elle n'était pas sans donner l'idée approchante d'une lady gracieuse et de bonnes manières. Elle savait lire, se lavait chaque jour, faisait sa toilette avec un certain goût, et, par son exemple, propageait autour d'elle des habitudes de propreté. Hall remarque à ce sujet que si la civilisation veut étendre son empire sur les peuplades sauvages de l'extrême nord, c'est par la femme que doit se commencer l'éducation morale.

Il parle ensuite des habitations des Esquimaux. Elles sont de deux sortes. Les indigènes ont leur ville d'été et leur ville d'hiver. La première, le *tupic*, se compose essentiellement de tentes de peaux de phoques, sous lesquelles s'entassent les hommes, les femmes et les enfants, autour d'une lampe à l'huile de phoque, qui sert à la fois de veilleuse et de réchaud. Il faut avoir mis tout sentiment de répugnance de côté pour pénétrer dans ces demeures infectes et s'asseoir sans dégoût à côté de ces êtres frottés d'huile et vêtus de peaux de bêtes. Hall raconte d'une manière intéressante comment il fut intoduit dans un tupic.

« En me courbant jusqu'à une position horizontale, je pus entrer ma tête, puis mes épaules, et enfin le reste de mon corps. Je me trouvai alors au milieu d'une douzaine de robustes gaillards, chacun armé d'un couteau; mais il n'y avait pas lieu de s'alarmer, car ce n'étaient pas des armes de guerre. Les couteaux n'étaient destinés qu'à découper de longues tranches de phoque qui étaient englouties tout de suite entre les larges mâchoires de ces affamés. Au fond de la tente j'aperçus mon ami l'Esquimau Koojesse, assis entre deux femmes qui faisaient honneur comme lui à un plat de sang de phoque tout chaud. En m'apercevant, Koojesse parut d'abord un peu humilié; mais dès que j'eus exprimé le désir de partager leur festin, une des femmes s'empressa de m'offrir une côte de phoque garnie d'un bon morceau de viande. Je m'en arrangeai très bien et voulus alors goûter le sang. A ma grande surprise, je trouvai cette boisson excellente. La première fois que le plat me fut passé, j'hésitai un peu. Il avait fait plusieurs fois le tour des convives, et on le remplissait à mesure qu'il se vidait. L'extérieur n'en était pas trop engageant, car il paraissait n'avoir jamais été nettoyé. Voyant que j'y prenais goût, la femme qui présidait au festin me tendit une petite coupe qui avait été nettoyée, autant du moins que les Esquimaux peuvent nettoyer quelque chose, et elle la remplit de sang chaud, que je dégustai avec autant de satisfaction que n'importe quelle boisson que j'aie bue de ma vie. Pour reconnaître la bienveillance de mon hôtesse, je lui donnai un mouchoir de coton à couleurs éclatantes. Ce cadeau la rendit radieuse, et toute la compagnie se confondit comme elle en remerciements et en expressions de dévouement. Je m'étais évidemment concilié les bonnes grâces de ces indigènes, et je résolus d'agir toujours de la même façon. »

On remarquera le goût des Esquimaux pour les couleurs voyantes. C'est un trait qui leur est commun avec les sauvages de l'Afrique équatoriale. Ici ce goût s'explique par le contraste des couleurs vives avec la teinte uniforme d'un sol constamment recouvert d'une couche de neige.

Quand vient l'hiver, le tupic n'est plus un abri suffisant. Alors l'Esquimau se construit un *igloo*, c'est-à-dire une maison de neige. C'est une sorte de calotte sphérique formée de blocs de neige durcie que le froid agglutine et soude les uns aux autres. Une petite ouverture est ménagée au ras du sol. Comme dans le tupic, on n'y peut entrer qu'en rampant. Dans un coin, on étend des fourrures qui servent de lit de repos. Au centre brille et chauffe la lampe servant à éclairer l'intérieur et à sécher les vêtements, comme aussi à chauffer la hutte. Elle tient lieu à la fois de poêle et de flambeau. C'est le meuble indispensable, l'âme et le foyer de la pauvre famille; aussi, lorsque l'huile de phoque vient à manquer, l'Esquimau est tout à fait malheureux. Il s'arme de son harpon et part pour la chasse au phoque, chasse difficile et non sans danger. En hiver le phoque se retire dans la mer, sous la couche de glace qui recouvre les eaux, mais en ayant soin de se ménager quelque trou pour venir respirer à la surface. Il faut épier le moment où sa grosse tête ronde sort de l'eau. Les chiens sont habiles à signaler sa présence. Le harpon à la main, l'Esquimau se met en faction. Quand vient le moment favorable, c'est-à-dire quand le phoque montre sa tête, il lui jette le harpon, et l'animal, accroché le plus souvent à la tête, plonge et disparaît, mais est ramené peu à peu par le fil de pêche. La prise d'un phoque est une joie pour la maison et une fête pour la tribu. Le chasseur assemble toute sa famille et tous ses voisins, partage avec eux son butin et rend aux chasseurs malheureux la part qu'il en a lui-même

Chiens esquimaux attelés.

3*

reçue. On ouvre la bête en mettant de côté la peau,
qui servira à faire les vêtements, et la graisse, qui
tiendra lieu d'huile pour la lampe. Le sang est re-
cueilli pour les libations du festin, puis on découpe
le foie, qui sera partagé entre les convives et mangé
cru, ainsi que la chair de l'animal. On mange ainsi
pendant des heures entières, jusqu'à la complète
disparition du phoque et sans souci du lendemain.

Un fait remarquable, déjà énoncé par les voyageurs, et confirmé par le capitaine Hall, c'est que
les Esquimaux, qui paraissent devoir être habitués
au climat de la zone glaciale, supportent moins
bien le froid et surtout les premières atteintes du
froid que les Européens. Ce sont surtout les transitions dans la température qu'ils ne peuvent supporter.

M. Hall, qui cherchait à s'aguerrir contre le froid,
afin de se préparer à des expéditions au pôle nord,
choisit précisément le moment de l'année le plus
froid pour faire des excursions avec ses amis les Esquimaux. Il s'habilla comme eux en veau marin, et
partit avec un traîneau attelé de dix chiens et portant, outre les provisions pour trois personnes, des
armes et des fourrures pour la nuit. Quand venait
le soir, on campait en pleine glace; en moins d'une
heure on se bâtissait une hutte avec des blocs de
neige; on allumait la lampe, qui servait en même
temps de fourneau pour la cuisine. La femme, car
M^{me} Tookoolito accompagne son mari et le capitaine
Hall, préside aux apprêts du repas et veille à ce que
les vêtements soient bien secs. Ils le peuvent être
facilement, si l'on pense que sous ce toit de neige ce
modeste feu, joint à la chaleur des corps, fait monter quelquefois la température jusqu'à 20 degrés
au-dessus de zéro, alors qu'à l'extérieur, le thermo-

mètre descend de 30 à 40 degrés au-dessous de zéro. Ces températures polaires confondent l'imagination; cependant, nous l'avons dit, il est rare qu'elles causent de graves accidents. Le froid qui a causé tant de désastres pendant la campagne de Russie est peu de chose comparé aux froids des régions arctiques; mais nos malheureux soldats n'étaient pas prémunis, par un habillement spécial, contre la rigueur du climat.

Nous étonnerons le lecteur en lui disant que le plus grand tourment du voyageur dans les régions polaires, c'est la soif. Entouré d'eau de toutes parts, sous une double forme, neige et glace, il courrait le risque de mourir de soif s'il n'avait pas avec lui une lampe à esprit-de-vin pour faire fondre la neige, ou mieux encore si le hasard ne lui faisait prendre un phoque; car alors le sang chaud de l'animal, mélangé avec un peu de neige fondue, fournit une boisson que nos lecteurs auront peine à croire délicieuse, et qui est bue pourtant avec avidité par tous les voyageurs.

La belle saison était arrivée pour le capitaine Hall. Le 25 juillet, le thermomètre marqua 35 degrés centigrades au-dessus de zéro. Le *George-Henry*, débarrassé des glaces qui l'avaient emprisonné pendant huit grands mois dans Field-Bay, leva l'ancre pour aller à la pêche de la baleine. M. Hall resta à terre, sans autre but que de poursuivre ses études sur la vie des Esquimaux et ses investigations sur leur histoire passée. Un des points qui le préoccupaient le plus était de savoir s'il n'y avait pas dans le pays trace des compagnons de Franklin, et, plus anciennement encore, s'il n'y avait pas des vestiges de l'expédition de Frobisher en 1576. Afin d'éclaircir tous ces points, il partit

pour une excursion de deux mois avec un mauvais
bateau et un équipage composé de trois indigènes et
leurs femmes. Mais, comme on sait, on cherche une
chose, et on en trouve une autre. Hall ne rencontra
aucune des indications qu'il désirait; il continua à
enrichir, par de nouvelles observations, ses études
sur le peuple esquimau et sur la contrée qu'il ha-
bite. C'est dans ce double projet qu'il explora avec
soin la baie de Frobisher. A la fin de septembre il
revint à la baie de Field, où il retrouva le *George-
Henry* prêt à lever l'ancre pour regagner les États-
Unis. Malheureusement l'hiver fut précoce cette
année-là, et il fallut se résigner à passer neuf autres
mois dans la baie. Les hommes de l'équipage furent
répartis par groupes de deux ou trois sous les huttes
des indigènes du voisinage; mais il y en avait peu
qui s'accommodassent de la vie des Esquimaux.
Habitués à leur ration quotidienne, ils ne pouvaient
faire comme leurs singuliers hôtes : passer des jours
sans manger, puis, après un jeûne forcé, se gorger
tout un jour de nourriture, et quelle nourriture ! On
renonce à décrire, d'après Hall, des repas d'Esquimaux. C'est à soulever le cœur. Citons un seul trait.
Les chiens des Esquimaux commencent à goûter
des plats, les Esquimaux mangent les restes des
chiens.

Avant de quitter leur pays, non pas définitivement, M. Hall résume ses impressions de voyage.
Les Esquimaux, c'est-à-dire *mangeurs de chair crue*,
se désignent eux-mêmes sous le nom de *Innuits*.
« Honnêtes dans leurs rapports entre eux et avec les
étrangers, confiants, généreux envers leurs amis
dans la détresse, les Esquimaux mènent une vie pa-
triarcale et ont l'organisation sociale la plus simple
qu'on puisse imaginer; ils ne connaissent aucune

hiérarchie, aucune dépendance. Le chef de famille, responsable de la nourriture et de l'entretien de ses femmes et de ses enfants, se transporte où il lui plaît, au gré de ses caprices ou de ses goûts. Tout jeune homme qui a suffisamment d'adresse et de force pour subvenir à ses besoins se choisit une femme, l'épouse sans cérémonie, et vit dès lors dans une entière indépendance. La femme cependant n'est pas mise au rang d'esclave ou de servante, comme chez les barbares des contrées tropicales. Chargée de veiller au foyer domestique, elle y tient une place plus noble, et le chef de famille, obligé par les nécessités du climat de passer beaucoup de temps dans sa hutte, subit davantage l'influence de sa compagne. »

Hall parle avec enthousiasme des hommes et des choses du monde arctique. C'est un amant sincère de la nature polaire et un voyageur convaincu.

« Tout ce qui appartient aux zones arctiques, dit-il, m'intéresse profondément. J'aime les neiges, les glaces, les banquises, la faune et la flore du Nord. J'aime le soleil du pôle, j'aime son jour prolongé. J'aime la nuit arctique, alors que, dans le solennel silence de la nature, l'âme entre en communication avec Dieu. J'aime avec passion la mission que je me suis imposée. Je sais, en l'accomplissant, que je remplis un devoir envers l'humanité, envers moi-même, envers le Créateur. Plein de cette conviction, j'ai le cœur fort, l'âme fervente, et je suis prêt à faire tout, même à donner ma vie pour la cause que j'ai embrassée. »

Cette passion de Hall pour les régions polaires lui fut fatale, ainsi qu'on le verra dans un des chapitres suivants.

# CHAPITRE III

I

La *Germania* et la *Hansa*.

Jusqu'ici on avait songé à s'ouvrir une route vers le pôle nord en longeant la côte occidentale du Groënland. Cette fois il s'agit de résoudre le problème par la côte est de ce massif de terre et de glaces, dont les contours au nord sont encore très mal définis.

Deux cent soixante-dix mille francs furent consacrés à la nouvelle entreprise, qui devait avoir pour directeur ou pour promoteur l'illustre géographe Peterman.

Deux navires, la *Germania* et la *Hansa*, furent armés en vue d'une nouvelle expédition arctique.

La *Germania* était un vapeur de quatre-vingt-dix pieds de long sur vingt-deux et demi de large, avec onze pieds de profondeur et neuf à dix pieds de tirant d'eau. Sa capacité était d'environ cent quarante-trois tonnes. La *Hansa* offrait des dimensions à peu près pareilles.

Les deux navires étaient construits de manière que leurs coques pouvaient résister à la terrible pression des glaces polaires. Les fermetures exactes devaient garantir l'équipage contre les froids les plus intenses. Tout dans l'aménagement des navires, comme dans la confection des vêtements, avait été combiné pour prévenir l'effet des gelées, tout, jusqu'aux boutons des habits, qui étaient faits en noix d'ivoire, parce qu'on avait remarqué que les boutons de soie ou de corne étaient détruits par les fortes gelées.

Le personnel se composait, pour la *Germania*, de quatorze hommes d'équipage avec un état-major de savants, sous le commandement du capitaine Carl de Koldewey, du port de Brême, et âgé de trente-deux ans; et, pour la *Hansa*, de douze hommes d'équipage, sans compter deux savants et le commandant Hegemann.

Outre les vivres, les conserves de toute espèce, les deux navires emportaient un matériel scientifique propre à faire les expériences et à recueillir les observations qu'un séjour de deux ans dans les mers arctiques allaient offrir aux explorateurs.

Il est inutile de dire que l'expédition, préparée en Allemagne, avec des fonds allemands, sous la direction d'un illustre Allemand, n'avait rien de commun avec d'autres entreprises dirigées à la même époque et vers le même but par d'autres États.

C'est le 15 juin 1869, à trois heures de l'après-midi, que la *Germania* et la *Hansa* partirent du port de Bremerhaven. Le comité central, siégeant à Brême, avait donné aux deux capitaines les instructions sommaires suivantes: « L'expédition partira en juin 1869. Autant que possible, les deux navires navigueront de conserve. L'expédition, conformément au plan rédigé par le docteur Peterman, aura pour premier but d'atteindre la côte orientale du Groënland et de pénétrer par là dans les régions arctiques. »

Peterman, si compétent en matière d'expéditions arctiques, avait remis aux deux capitaines des instructions plus détaillées touchant l'emploi de leur temps et la direction de leurs navires à travers les mers polaires.

Dès le départ, la *Hansa* montra une tendance à s'éloigner de sa compagne. Cette tendance s'accusa dans la suite au point d'amener une séparation complète. D'abord les vents, puis les brouillards, enfin un signal mal compris, telles furent les causes de ce fâcheux événement.

Le 1er juillet, après avoir failli plusieurs fois perdre de vue la *Hansa*, on était par 60 degrés de latitude ; on avait mis seize jours à faire ce qu'en temps ordinaire on met deux jours et demi à parcourir.

Le soleil, sous cette latitude et dans cette saison, se couchant à dix heures, le crépuscule se prolongeait fort avant dans la nuit, et sur le pont on pouvait lire, comme en plein jour, l'écriture la plus fine et la plus serrée.

Dans les parages où l'on se trouvait on aperçut un poisson singulier, le dauphin, surnommé *épaulard* à cause d'une nageoire longue et raide qui se dresse sur son dos. Ce cétacé, long de vingt-cinq pieds, est redoutable pour la baleine, qu'il ne craint pas d'attaquer.

Le 5 juillet, on dépassa le cercle polaire (par 60° 33'). Cet événement, et c'en était un, car décidément on entrait dans les régions polaires, fut salué de deux coups de canon et célébré par des réjouissances analogues à celles que l'on fait quand on passe la ligne.

Le 9 juillet, on était en vue de l'île de J. Mayen. Trop souvent les brouillards gênaient la manœuvre et masquaient la *Hansa,* qu'on perdit de vue plusieurs fois.

Le 15 juillet, on entendit un bruit singulier venant de loin. C'était la mer qui déferlait sur les glaces. On était par 74° 47'. Ce bruit fut entendu avec joie. On savait qu'on avait une barrière de glaces à franchir avant d'atteindre la côte du Groënland et surtout la prétendue mer libre du pôle.

Le 20 juillet, on tâcha de rallier la *Hansa,* qui s'était de nouveau séparée. Nous l'avons dit, un signal, mal interprété par elle à cause de l'obscurité du temps, l'éloigna pour toujours. Cette méprise fatale eut de terribles conséquences pour la *Hansa,* ainsi qu'on le verra plus loin.

Nous allons, par un double récit, raconter ce qu'il advint d'abord à la *Germania,* ensuite à la *Hansa* [1].

---

[1] La relation des deux voyages de la *Germania* et de la *Hansa* n'a pas été traduite en français *in extenso,* mais par longs extraits, dans le *Tour du Monde* (27e et 28e volume). C'est cette traduction que nous avons sous les yeux pour rédiger l'analyse imparfaite qu'on va lire.

# II

## CARL KOLDEWEFY

—

La *Germania*.

A peine la *Germania* avait-elle perdu de vue la *Hansa*, qu'elle aperçut un baleinier en panne. C'était le vapeur *Bienenkorb*, du Weser. Le capitaine Koldewey remit des dépêches au commandant, qui avertit qu'en continuant vers l'ouest on trouverait de fortes agglomérations de glaces.

Le 23 juillet, en effet, il fut impossible d'approcher du 74e degré. Le temps était sombre et pluvieux.

Le 27, à onze heures du soir, le ciel s'éclaircit, et l'on eut pour la première fois le magnifique spectacle du soleil de minuit éclairant de ses rayons obliques tout ce paysage de glace. Le capitaine Koldewey décrit l'apparition fantastique des icebergs, avec leurs formes étranges et variées. Nous les avons décrits ailleurs [1].

La nouveauté et la grandeur des impressions se réfléchissent sur le langage du rapporteur, qui acquiert à son tour un singulier éclat, même à travers une traduction qui l'atténue. « La mer, d'un calme plat, reflétait nettement tous les objets. Sa couleur présentait les tons les plus variés. Sous les nuages,

---

[1] Voir notre volume *Voyages à la recherche de Franklin*.

elle passait par toutes les teintes, depuis le noir foncé jusqu'au safran. Sous l'azur, elle brillait d'une transparence verdâtre. La partie des glaçons éclairée par le soleil avait une couleur rose tendre ; le côté ombré des blocs offrait les nuances les plus délicates du bleu et du violet. Et comme le tout était estompé ! Ce sont là des effets d'une splendeur admirable, que peut seule produire le soleil de minuit dans les régions boréales.

« Tous les bruits s'étaient éteints à bord du navire, où nos hommes se livraient au repos. Quant à nous, sans éprouver la moindre fatigue, nous errions sur les glaçons avec une sensation de plaisir ineffable. Quelque gros bloc venait-il, dans notre promenade, à nous dérober la vue de notre bâtiment, le seul objet qui nous attestât l'existence de l'homme, alors, livrés sans partage aux impressions extérieures et à nos pensées, nous étions comme écrasés par le sentiment de cette solitude et la plénitude de cet abandon. »

Cette solitude était parfois troublée par une sourde détonation, par un craquement inusité. C'était un iceberg qui, sous la double action du soleil qui minait ses flancs et de l'eau qui léchait incessamment sa base, se disloquait en lourds morceaux plongeant dans le gouffre. D'autres fois c'était un bruit d'une autre nature : une troupe de narvals venait respirer à la surface de l'eau, puis soudain replongeait en produisant ce froufrou singulier, cette sorte d'éboulement qui a frappé tous les voyageurs.

Koldewey signale aussi les effets du mirage, phénomène qui, nous l'avons déjà remarqué, se produit dans les régions polaires aussi bien que dans les déserts brûlants de l'Afrique. Un navire à l'ancre, dans les glaces, lui apparut. C'était l'image réfractée de

Paysage polaire.

l'*Hudson*, qu'il avait vu quelques jours auparavant et qui reposait au milieu des glaces, non loin de la *Germania*.

Pourquoi faut-il qu'un pareil phénomène ne lui ait pas fait découvrir la présence de la *Hansa*, qui mouillait près de la *Germania* sans que celle-ci s'en doutât le moins du monde ?

Nous ne suivrons pas jour par jour le rapport du capitaine Koldewey; mais nous nous contenterons d'en rapporter les circonstances et les accidents les plus mémorables.

Le 3 août, par 74° 18' de latitude nord et 16° 6' de longitude ouest, la *Germania* hissa le pavillon national aux trois couleurs, en mémoire du géographe allemand Mercator.

Le 5 août, on toucha enfin la côte groënlandaise. C'est avec le sentiment d'une joie indicible que le capitaine Koldewey annonce cet événement. Il avait accompli la première partie de sa tâche. Il était sur le terrain qui allait servir de base à ses opérations. La *Germania* étant approvisionnée de tout pour deux ans. Enfin, malgré la séparation de la *Hansa*, on se sentait de force à accomplir de grandes choses.

Avant de reprendre le récit des aventures de la *Germania*, il est bon de donner à nos jeunes lecteurs une idée de la configuration géographique de la partie de la côte groënlandaise visitée par le capitaine Koldewey. Cette partie, comprise entre les 72° et 76° degrés, se découpe en baies larges et embarrassées d'îles ou bien en fjords sinueux et profonds, en sorte qu'elle présente un contour déchiré et comme tourmenté par tous ces accidents. Voici, du sud au nord, le nom de tous les enfoncements creusés par la mer : c'est d'abord le fjord *François-Joseph*, le plus long de tous ; ensuite la baie de *Gael-Hamke*, qui communique avec plusieurs fjords plus étroits et moins profonds que le précédent; puis la baie d'*Ardencaple;* enfin la baie *Dove,* la plus septentrionale. Toutes ces baies sont presque fermées à la mer par des îles qui en obstruent l'entrée. La grande île *Clavering,* presque arrondie, remplit cette baie au point souvent de ne laisser qu'un étroit passage entre elle et le continent. Un de ces passages se nomme le fjord *Fligely,* un autre le fjord *Tyrolien,* un troisième le fjord *Loch-Fine.* A l'entrée de la baie d'Ardencaple se trouve l'île de *Kuhn,* avec sa muraille noire, montagne de basalte de onze cent trente et un mètres de haut. Enfin, devant la baie Dove s'étend, suivant une ligne droite, le groupe des îles Koldewey. Des presqu'îles assez irrégulières de forme et d'aspect se profilent sur la carte, séparant les baies les unes des autres. Il y a la presqu'île de *Hochstesten,* qui protège la baie d'Ardencaple, et la presqu'île de *Haystack,* toute petite, de forme arrondie, et ne tenant à la côte que par un isthme fort étroit. Les îles sont en général voisines de la côte. Celles qu'on rencontre en allant du sud au nord sont : l'île *Boutchaë,* à l'entrée du fjord François-Joseph; l'île *Jackson,* à l'entrée de la baie de Gaël; l'île *Sabine,* très rapprochée de la côte, dont elle est séparée par l'étroit canal de Clavering; et un peu plus au nord, l'île du *Petit-Pendule.* C'est la première de ces deux îles qui a été le port d'hivernage de la *Germania.* La seconde joue aussi un grand rôle dans le rapport de l'expédition. Nous avons nommé l'île Kuhn et les îles Koldewey; il ne nous reste plus à mentionner que l'île *Shannon,* la plus grande de toutes, et qui sera souvent nommée par la suite. Fort irrégulière et assez éloignée de la côte, elle fut souvent l'objet des explorations des hommes de la *Germania*. Mais il est temps de reprendre le récit des événements dont ces parages furent le théâtre.

C'est le 7 août que les marins de la *Germania* allèrent faire en canot une reconnaissance sur la terre ferme.

Le 10, conformément aux instructions reçues au départ, ils élevèrent une pyramide de pierre sur la pointe orientale du pays, et, à vingt mètres au nord de cette pyramide, ils déposèrent dans un trou un document où étaient inscrites les dates principales du voyage.

Quelques jours après on reconnut l'île Shannon. On trouva sur le rivage des traces de tentes d'Esquimaux, et, comme les hommes gravissaient une colline, ils aperçurent de loin un gros animal d'une forme inusitée, ne ressemblant ni à un ours, ni à un renne, ni à aucun autre animal décrit dans les précédentes explorations polaires. C'était un bœuf musqué. Ses longues cornes, son abondante fourrure, son odeur de musc, que l'on reconnut aisément après qu'on l'eut tué, tous ces caractères frappèrent les marins de la *Germania*, qui n'avaient jamais assisté à une chasse pareille. Ils reconnurent même que les bœufs musqués sont communs à une latitude très avancée, sous un climat où le renne ne se montre plus.

Le 12 août, le soleil commença à se lever et à se coucher pour les hommes de la *Germania*. Les étoiles commencèrent à paraître; mais à l'aide du crépuscule, se prolongeant fort avant dans la nuit, on pouvait lire l'imprimé le plus fin.

Après avoir reconnu que toute tentative au nord était impossible pour le moment à cause des glaces, on comprit qu'il n'était que temps de mettre la *Ger-*

*mania* à l'abri dans un bon mouillage, et l'on choisit à cet effet l'extrémité sud de l'île Sabine.

Le 13 septembre de cette même année 1869, la *Germania* fut dirigée vers l'île Sabine, et à dix heures et demie du matin on jeta l'ancre dans un petit havre, où le navire devait séjourner durant dix mois.

Le traîneau allait désormais être le véhicule à l'aide duquel on explorerait la terre et les champs de glaces. Une tente y fut jointe pour abriter voyageurs et chasseurs pendant les stations et pendant les nuits. Les courses devenaient dangereuses. Un jour, pendant qu'on était à table, c'était un renard qui venait audacieusement sous la tente demander sa part du festin; une autre fois qu'on avait décampé, un ours, dépité de ne plus trouver que les débris insignifiants du festin, s'était bravement mis aux trousses des fuyards. On tua l'un et l'autre.

Un des savants de la *Germania* qui devait rendre son nom illustre dans les voyages arctiques, Julius Payer, fit dans l'île de Kuhn une découverte d'une importance capitale. Il remarqua sur le côté sud de l'île une masse d'une couleur brillante qui tapissait une vallée assez spacieuse, sur une étendue de deux mille pieds. Ce n'était rien moins que d'épaisses couches de charbon alternant avec du grès. On comprendra de quel prix était une pareille trouvaille, si l'on pense que ce qui s'épuise le plus vite en ces longs voyages, ce ne sont ni les vivres, qu'on peut renouveler, ni l'habillement, qui ne s'use guère : c'est le combustible, et si l'on remarque que tant qu'on a du charbon on peut hardiment s'aventurer dans les mers arctiques, à moins qu'on ne soit absolument entouré de glaces de tous côtés. C'est ce qui était arrivé pour la *Germania*, remisée, pour ainsi dire, dans une anse circulaire, n'ayant qu'une étroite ouverture, protégée par des murailles montagneuses de plus de deux cent quatre-vingts mètres d'altitude contre les furieuses tempêtes du nord et l'avalanche de blocs qu'elles mettent en mouvement. Au sud-est, l'île du *Valrus* lui servait de bouclier contre les glaces; au sud-ouest enfin s'étendait une langue de terre plate. On dégréa le navire. On porta à terre tous les objets qui n'étaient pas indispensables à bord. Des précautions furent prises pour le mettre à l'abri des trop fortes gelées. On éleva autour une muraille de neige, on étendit sur le pont du feutre, et l'on ferma ainsi exactement toutes les ouvertures.

A l'abri désormais dans les cabines calfeutrées, on n'entendait plus à l'extérieur que le bruit singulier des glaces se brisant les unes contre les autres, et s'échafaudant en pyramides monumentales. Ce sont ces bruits légers, lointains ou répercutés, qu'on appelle les *voix de la glace*. « C'est tantôt comme un chant léger ou un murmure auquel se mêlent des craquements et des crépitements; tantôt on dirait un tumulte lointain de voix humaines ou le vacarme d'un train courant sur les rails, ou bien encore on croirait ouïr toutes sortes de bêtes imaginables. »

On se demande quels attraits pour l'homme des climats doux et tempérés offre le séjour des régions polaires, où, sans parler du froid, la terre et ses abords ne présentent que l'uniforme spectacle de la neige et des glaces recouvrant d'un manteau blanc d'immenses étendues. C'est qu'à le voir de plus près ce spectacle est plus varié qu'on ne pense. Les nuits polaires renferment dans leur profonde obscurité peu de sujets de distraction ou peu de matières à descriptions; mais les jeux de lumière, les phénomènes de réfraction, la seule clarté d'un ciel d'azur; les nuances multiples des icebergs reflétant toutes les couleurs de l'arc-en-ciel, sans compter les formes étranges, fantastiques de ces masses que la mer charrie au loin, et dont le soleil et les vents altèrent sans cesse les contours : tout cela est bien fait pour charmer le regard de l'explorateur et lui faire oublier l'ennui d'un long hivernage. Chose curieuse, le froid n'est pas, dans ces régions, le plus terrible ennemi pour le navigateur polaire. Le rapport de la *Germania* enregistre avec tranquillité que vers le commencement d'octobre la température oscillait entre cinq et vingt-quatre degrés centigrades au-dessous de zéro; moyenne, ajoute-t-il, fort acceptable pour le climat, et qui n'obligeait personne à se masquer le visage, à revêtir d'épaisses fourrures, ni à se mettre des conserves sur le nez.

La première reconnaissance, quand on eut abrité la *Germania*, fut dirigée vers l'île Clavering. C'était le 27 octobre. Il n'y avait plus que quatre heures de jour, et le moment approchait où le soleil allait disparaître tout à fait pour trois mois.

Sur les glaces que la petite expédition parcourait pour parvenir à l'île, les uns en traîneau, les autres à pied, le docteur Copeland fut assailli, au détour d'un glaçon, par un ours qui, d'un coup de patte, l'étendit à terre. Déjà l'animal flairait les vêtements de sa victime, lorsque le docteur, avec beaucoup de sang-froid, lui appliqua le canon de son fusil sur le museau. L'ours, atteint ou effrayé, lâcha sa victime et se mit à fuir avec cette démarche qui lui est particulière, et que l'on a comparée au tangage d'un vaisseau.

Des aventures semblables sont fréquentes dans le journal du bord.

Cependant on était arrivé au 6 novembre, et le soleil allait disparaître. Les tempêtes du nord allaient commencer. Il y en eut une qui dura pendant toute la nuit polaire (103 jours) avec une intensité variable. Ainsi la plus grande tourmente de neige eut lieu le 7 novembre. Ce jour-là, impossible de mettre le nez dehors ; on avait rallié, bien entendu, la *Germania*, et l'on s'était installé de manière à braver la dure saison en se tenant renfermés dans la cabine hermétiquement close. Quand au dehors le thermomètre marquait 26 degrés au-dessous de zéro, dans la cabine on pouvait jouir d'une température de 20 degrés au-dessus de zéro, ce qui faisait un écart de 46 degrés. L'obscurité allait toujours croissant. A partir du 22 novembre, on ne pouvait plus lire le thermomètre au dehors qu'à l'aide d'une lampe. Deux choses dédommageaient les habitants de la *Germania,* car le navire encastré dans les glaces pouvait être considéré comme une maison : c'était la chasse, quand le temps le permettait, et la fréquence des aurores boréales. Il semble que la Providence ménageait un adoucissement à tant de souffrances et de privations, en multipliant ces effets lumineux qui provoquent l'admiration de tous les voyageurs.

A l'intérieur du navire, les passagers se ménageaient un autre dédommagement : c'était un journal, la *Gazette groënlandaise,* journal à la main, dont le premier numéro parut le 14 novembre, avec un « supplément », en tout seize pages. On y trouvait une partie officielle, c'est-à-dire le résultat des observations scientifiques, la température, l'état du ciel, l'âge de la lune, etc., et la partie non officielle, contenant des faits divers, des articles *variétés,* et même des poésies. Une boîte placée à l'extérieur servait à recevoir les communications des personnes qui ne voulaient pas signer leurs articles.

Cependant la fin de l'année était arrivée. On avait célébré la fête de Noël avec toute la pompe possible; avec des brins de verdure et de petites pousses d'andromèdes qu'on avait trouvées sous la neige, on avait improvisé l'arbre traditionnel. Le navire avait été pavoisé aux couleurs nationales, et même des illuminations avaient éclairé cette fête de famille. Le jour de l'an en fut comme la continuation. Les traditions de la religion et de la patrie ne se perdent pas au milieu de ces solitudes glacées, et c'est là une compensation à tant de privations. Tandis que la joie régnait au dedans, au dehors un vaste linceul enveloppait la nature. La vie végétale semblait partout à jamais anéantie; les animaux avaient déserté la côte pour se retirer dans l'intérieur du pays ou se plonger dans l'engourdissement du sommeil hivernal. Sur toutes choses pesait une nuit glacée que traversait, sans l'éclairer, la lumière tremblotante des étoiles. Les tas de neige glissaient silencieusement sur le sol inanimé, et, sur la croûte de glace qui l'enserrait depuis des mois, la *Germania* semblait une espèce de fantôme sinistre, dont les mâts et les vergues se dressaient d'un air étrange vers le ciel.

Quel bonheur lorsque, vers le 10 janvier, on commença à discerner, parmi les ombres de la nuit, un commencement de crépuscule! Une grande activité régnait à bord. Le moment allait arriver où l'on pourrait sortir pendant quelques heures, chasser, courir en traîneau, etc. On confectionnait toute la journée des habillements, des fourrures, des capuchons, des bottes, des gants, etc.

C'était le 3 février, à midi, que, d'après le calcul

des astronomes, le soleil devait faire sa rentrée. Ce jour-là, tout le monde était sorti, l'œil fixé sur la partie de l'horizon où il devait paraître. La cime du *Sattelberg* fut la première à s'éclairer; puis ce fut le tour du *Hasenberg*. Bientôt des hauteurs la lumière descendit dans les plaines. L'éblouissement fut si grand pour des yeux privés depuis si longtemps des bienfaits du jour, qu'il fallut mettre des conserves, même avant que le soleil fût tout à fait levé. Ce jour d'ailleurs fut bien court. Le soleil, à peine émergé au-dessus de l'horizon, se replongea aussitôt au-dessous, n'ayant fait qu'une courte apparition.

C'est quelques jours après la réapparition de l'astre bienfaisant que le froid sévit avec le plus d'intensité. Le 21 février il atteignit son maximum, qui fut, pendant une heure seulement, de 40 degrés au-dessous de zéro. C'est le point de congélation du mercure.

Une chose à remarquer : les froids les plus rigoureux étaient supportables quand le vent ne se faisait pas sentir; mais, quand il soufflait, il n'y avait pas de fourrures capables de préserver du froid. Le vent pénétrait à travers une triple et quadruple cuirasse de laine; « on se serait cru absolument nu. »

Voici d'ailleurs quel est l'accoutrement de tout explorateur dans les régions polaires : deux chemises de laine, avec une ceinture de peau, le poil tourné en dedans, cousue sur la chemise de dessous; un pantalon épais, fourré à l'endroit de l'abdomen, trois paires de bas bien chauds; un paletot imperméable de veau marin, dont le poil se porte en dehors, et qui, par surcroît de précaution contre le vent et le froid, n'a souvent point d'ouverture par devant et se revêt par le haut, comme une chemise; un premier bonnet de tricot prenant bien la tête, pourvu d'un masque de flanelle avec de petits trous pour les yeux, la bouche et le nez; par-dessus, un autre grand bonnet fourré qui ne laisse libre qu'une très petite portion du visage; une paire de gants en tricot de laine, puis, par-dessus encore, d'énormes gants fourrés; des bottes de toile à voiles, celles de cuir manquant de souplesse et cassant au froid; enfin un châle.

Il semble qu'après une telle description on se rend mieux compte de la situation des choses et de l'intensité du froid dans les régions arctiques.

Ajoutons que, dans les chasses ou les excursions, les hommes portent des conserves couleur gris-fumée, afin de protéger leurs yeux contre la réverbération des neiges.

Cependant le printemps était arrivé. On n'allait pas tarder à se mettre en marche pour la chasse ou les reconnaissances. Cette fois ce fut la baie d'Ardencaple qui fut l'objectif de nos voyageurs. Arrivés au delà du 77ᵉ degré de latitude, ils constatèrent qu'il n'y avait dans cette direction, sur la côte orientale du Groënland, aucun passage libre vers le pôle; que cette côte vers le nord était mal définie. Ce double fait fut consigné dans une note que, suivant la convention faite au départ, l'expédition devait déposer sous une pyramide de pierre, c'est-à-dire sous un *cairn*. Elle était ainsi conçue :

« C'est à cette place, située au 77° 1' de latitude nord et au 18° 50' de longitude ouest (de Greenwich), que s'est arrêtée, avec son traîneau, à vingt-deux jours de marche du navire, l'expédition polaire allemande, partie du port d'hivernage de l'île Sabine.

On ne découvre à l'horizon aucune apparence d'eau libre, etc.

> « Signé : Karl Koldewey, commandant de l'expédition ; Julius Payer, premier lieutenant ; Th. Klentzer, Peter Ellingen, matelots.

« Ce vendredi saint 15 avril 1870. »

Au mois de juillet, on tenta une nouvelle exploration vers le nord, et cette fois ce fut avec le secours de la *Germania,* qui, grâce à la débâcle des glaces, avait pu être remise à flot. Mais, à cause d'une avarie survenue à la chaudière du navire, on ne put pas aller plus loin que le 75ᵉ degré de latitude, un peu en deçà du point auquel était parvenue la *Germania* quelque temps auparavant. Aucun indice ne trahissait la présence ni même le voisinage d'une mer libre. D'un autre côté, la saison était bien avancée. Les tempêtes d'automne allaient sévir. Entreprendre un second hivernage, c'eût été aller contre les instructions formelles du comité de Brême, sans se ménager vraisemblablement aucune chance de pouvoir, dans le cours de cette année, pénétrer plus avant vers le nord.

Il fallut donc songer au retour. Après diverses excursions et aventures dont le récit n'est pas de notre sujet, le 17 août 1870, à midi, on leva l'ancre à destination de l'Allemagne. Pendant sept jours, la *Germania* eut à lutter contre les glaces qui embarrassaient sa voie, lutte terrible dans laquelle matelots et navire coururent plus d'un danger. Mais enfin voici la houle de l'Océan ! Qu'il y a longtemps qu'on ne l'avait vue ! Peu importaient désormais et le brouillard qui recommençait à percer sur les flots, et la brume qui estompait toutes les sinuosités du rivage, et les blocs de glace qui flottaient encore sur la route, et les tempêtes même qui pouvaient éclater. Libres! on était libres! On avait devant soi la plaine immense de l'Atlantique! La *Germania* n'en demandait pas davantage. « Cette fois, disait le capitaine Koldewey à un de ses officiers, mon quart est fini, allons dormir. »

On passe en vue de l'Islande, des îles Feroë et des Shetland ; on reconnaît, malgré la tempête qui s'élève, l'île anglaise d'Helgoland, puis l'île Langerooge, et enfin l'on cingle vers l'embouchure du Weser, en rangeant la côte sud de l'île. On entre dans le fleuve allemand, et l'on est tout surpris de n'y voir aucun navire à l'entrée. C'est que, tandis que la *Germania* était allée tenter les hasards et les aventures vers l'extrême nord, la guerre, une guerre terrible, avait éclaté entre la France et la Prusse. On venait d'affronter et le froid, et les glaces, et les terreurs des nuits polaires, et on retrouvait, pour se reposer de ses fatigues, la guerre, l'horrible guerre.

A l'aide d'un remorqueur et d'un pilote, la *Germania* remonta le Weser, et le 11 septembre, à six heures du soir, les passagers débarquaient sains et saufs à Bremerhaven. Le lendemain ils serraient les mains de leurs camarades de la *Hansa*.

## III

# HEGEMANN

—

La *Hansa*.

On a vu plus haut que, par une méprise fatale,
la *Hansa* se sépara pour jamais de la *Germania*.
Cet événement, qui devait avoir pour celle-là des
conséquences si funestes, était arrivé le 20 juillet 1869, par 74° 4' de latitude nord et par 12° 52'
de longitude ouest. Quelques jours après, la *Hansa*,
qui s'avançait toujours vers l'ouest pour atteindre
la côte du Groënland, rencontra un navire, le *Bre-
nenturb*, puis le perdit de vue, et ce fut le dernier
qu'elle put apercevoir. A mesure qu'elle avançait,
la *Hansa* voyait sa route de plus en plus embarras-
sée par les glaces, qui, la serrant de près, mena-
çaient d'endommager sa coque, sinon de la briser.
La *Germania* et la *Hansa* ne se trouvaient, vers le
25 août, qu'à trente-quatre milles de distance l'une
de l'autre ; mais à partir du 28 la dérive vers le sud
commença. C'est alors qu'on eut l'idée, à bord de
la *Hansa*, de construire sur la glace une maison
d'hivernage. Le 6 septembre, il était difficile de se
frayer un chemin à travers les glaces, et le lendemain la *Hansa* se voyait prise entre deux îlots qui
se soudèrent autour du navire et entraînée avec la

glace à la dérive vers le sud-ouest. On mit à exécution le projet de construire sur la glace même un bâtiment de refuge. Les travaux commencèrent le 27 septembre. Ce fut le capitaine Hegemann, le commandant de la *Hansa*, qui dessina le plan de la maison. Elle devait avoir vingt pieds de long sur quatorze de large, huit pieds et demi de hauteur pour le faîte, avec des murs de quatre pieds huit pouces d'élévation. On se servit principalement de briques faites avec du charbon, et l'eau et la neige servirent de mortier. On prenait de la neige bien sèche avec laquelle on comblait les joints et les fentes, puis on y coulait de l'eau claire. Au bout de quelques minutes, grâce au froid, le tout, neige et briques se prenait en une masse compacte qu'il eût été très difficile de briser. En sept jours la maison fut construite. On y transporta les provisions de la malheureuse *Hansa*, qui gisait à quatre cent cinquante pas de là. La maison, sans être confortable, présentait un abri contre les tourmentes de neige qui allaient assaillir l'île flottante dans laquelle on se trouvait engagé. Le 7 octobre on entendit des bruits étranges, comme si la glace se cassait avec fracas; le vent soufflait avec force du nord-ouest; le glaçon, s'éloignant de la côte, s'en allait à la dérive vers le sud-est. Tout à coup, le 19 octobre, la catastrophe tant redoutée éclata. Le navire fut tellement pressé par les glaces qui s'amoncelaient sur ses flancs, qu'il se trouva à plus de dix-sept pieds au-dessus de son ancienne position. La coque s'entr'ouvrit sous la terrible pression, et le navire fit eau de toutes part. Bientôt il s'enfonça. Il ne restait plus d'autre ressource que de le laisser entraîner vers le sud sur le glaçon flottant. On pourrait, s'il résistait à tant de forces dissolvantes, attendre le printemps,

Le naufrage de la *Hansa*.

puis gagner la côte sud du Groënland, ou bien atteindre l'Islande en traversant la ceinture de glace. Pour le moment il fallait sauver de la *Hansa* tout ce qui pouvait être sauvé et le transporter à la maison de charbon.

Le lendemain, 20 octobre, au matin, on continua le sauvetage des débris de la *Hansa*. On abattit les mâts, qui devaient avoir leur utilité; on coupa les dernières amarres qui retenaient encore le navire au glaçon, et dans la nuit du 21 au 22 la carcasse du navire s'engloutit. Deux des trois chaloupes qu'il portait avaient déjà été sauvées; la troisième et la plus grosse était restée libre sur le pont; elle flotta donc quand la *Hansa* s'engloutit. On put l'amener sur la glace, près de la maison. On va voir que, sans les chaloupes, l'équipage de la *Hansa* eût misérablement péri.

Quand la carcasse de la *Hansa* s'abîma dans les flots, on était à un mille (allemand) et demi de la côte du Groënland, juste en face d'une île appelée *côte de Liverpool*. Les vents et les courants allaient pousser le glaçon dans la direction du sud-ouest, d'abord loin de la côte groënlandaise, puis tout près de cette côte. Entre les glaces qui bordent celle-ci et les glaces qui entourent l'Islande, à peine restait-il un étroit chenal par où le glaçon flottant pouvait péniblement cheminer, non sans courir de graves dangers.

Nous trouvons consigné au rapport du capitaine Hegemann le règlement de la journée de ses hommes pendant une si périlleuse navigation. « A sept heures, le dernier homme de garde nous éveillait. On se levait, on s'enveloppait de ses vêtements de laine, on se servait pour la toilette de l'eau de neige fondue, puis on prenait le café du matin avec un morceau

de pain dur. Ensuite se succédaient les occupations
les plus variées : confection des ustensiles utiles qui
manquaient encore, couture des voiles, raccommo-
dage des vêtements, rédaction du journal et lecture.
Si le temps le permettait, on faisait des observations
astronomiques et des calculs. A une heure avait lieu
le dîner, dont une bonne soupe grasse formait la
partie principale; et, comme nous ne manquions pas
de légumes conservés, on pouvait changer souvent
le menu. Mais il fallait être très économe de spiritueux, et ce n'était que le dimanche qu'on octroyait
à chacun de nous un verre de porto. »

Pour se faire une idée du glaçon qui portait tout
l'équipage de la *Hansa*, en tout quinze hommes,
puisque, grâce à Dieu, la *Hansa* n'avait perdu personne, qu'on s'imagine une plaine de glace très solide et très épaisse, formée de glaçons de différentes
grosseurs soudés ensemble. La partie qui émergeait
de l'eau ayant au moins cinq pieds d'épaisseur, la
partie sous-marine en avait environ quarante. La
neige, en s'accumulant par couches de huit pieds de
hauteur, avait fini par combler toutes les fentes et
tous les trous du glaçon, en sorte qu'il présentait à
l'œil une surface unie, toute blanche; les trois embarcations, la maison même toute couverte de neige,
faisaient à peine saillie, et de loin on n'aurait pas
soupçonné l'existence d'une petite communauté
d'hommes. A l'extérieur le glaçon présentait un re-
lief remarquable. On eût dit les murailles d'un châ-
teau fort, s'il n'y avait pas eu solution de continuité dans cette ceinture de glaces qu'avaient formée
peu à peu le frottement et la pression des glaces extérieures. Nous ne parlerons ni des aurores boréales
qui illuminaient d'une manière splendide de sinistres
paysages, ni des renards et des ours qui venaient

s'aventurer jusque sur le glaçon. Ce serait répéter ce qui a été dit ailleurs de la chasse dans les glaces polaires et des phénomènes lumineux si communs dans ces parages.

Cependant la Noël approchait (25 décembre 1869). Elle ne passa pas inaperçue à bord du glaçon auquel les naufragés de la *Hansa* ont oublié de donner un nom[1]. Dans l'après-midi, les officiers dressèrent l'arbre de Noël; la maison resplendissait d'illuminations. « L'arbre était artistement fait avec un bout de sapin et des brindilles provenant d'un balai ; pour l'éclairage, le docteur Laube avait mis de côté une provision de cire. Les guirlandes de papier et les galettes ne firent pas défaut. L'équipage avait fait un havresac et un étui de revolver pour les offrir au capitaine. On but un verre de vin de Porto, puis on se précipita sur les vieux journaux que contenait la boîte, et nous tirâmes au sort les dons, qui consistaient en petits instruments de musique, tels que sifflets, trompettes, guimbardes, et en marionnettos, jeux de dames, de roulettes, bonbons fulminants, etc. » Il est bien entendu que la prière ne fut pas oubliée dans un tel jour. Le capitaine Hegemann parle du recueillement qui régnait dans la maison, et, à la fin de son compte rendu, il invoque Dieu et lui demande sa protection.

A propos de ces célébrations protestantes de la Noël, nous ne pouvons nous empêcher de faire une remarque, c'est que les cérémonies catholiques, si imposantes et si touchantes à la fois, seraient d'un bien autre effet au milieu des solitudes glacées des régions polaires. Elles ont par elles-mêmes et indé-

---

[1] Le docteur Laube, un de ces naufragés, appelait les hommes de l'équipage de la *Hansa* les *passagers du bon Dieu*.

pendamment du sens profond et mystérieux qu'elles renferment, un caractère de grandeur et de majesté qui n'échappe à personne, et, par là même, elles sont propres à frapper les imaginations les plus simples comme les esprits les plus cultivés.

Cependant avec le mois de janvier arrivait la mauvaise saison. Le 4 de ce mois, il y eut une de ces bourrasques qui, jetant les glaçons les uns contre les autres, les brisent, les divisent, ou bien les pressent et les soudent les uns contre les autres. Le glaçon flottant était exposé, comme les autres, à mille vicissitudes, à mille déformations. A le bien examiner, déjà sa forme et ses contours s'étaient altérés. Sa ceinture avait diminué. De circulaire qu'elle était, elle était devenue elliptique. Son diamètre, qui était de deux milles au départ, était réduit de moitié. Et, ce qu'il y avait de plus grave, la maison semblait se rapprocher du bord, ou plutôt la maison n'avait pas bougé de place; mais les bords du glaçon, incessamment polis, frottés par d'autres glaçons ambulants, léchés par la lame, diminuaient à vue d'œil, si bien que le jour n'était pas éloigné où le glaçon, dérivant toujours vers le sud, c'est-à-dire vers les eaux douces, achèverait de se fondre. Du 27 décembre au 8 janvier, c'est-à-dire en 12 jours, le glaçon avait fait cinquante-deux milles et demi. La tempête augmentait; une nouvelle catastrophe était imminente. Le 11 janvier, à six heures du matin, l'homme qui était de garde se mit à crier : « Tout le monde debout ! » Bientôt un autre cri se fit entendre : « L'eau est sur le glaçon ! » Le glaçon est menacé de se briser en morceaux sous le choc ou la pression des autres glaçons. Une montagne effroyable, un gigantesque iceberg menace de l'engloutir. C'en est fait, il faut se séparer de la maison, ou plutôt c'est la maison qui se détache du glaçon, fracturée par la tempête. Il était temps de veiller aux chaloupes, seul espoir de salut. C'était pendant la nuit : il fallait les débarrasser de tout ce qu'elles contenaient, puis quitter la maison. Pendant que les hommes opéraient le sauvetage tant bien que mal, tout à coup, vers onze heures, le glaçon se brisa au niveau de la maison. Il fallut se hâter de fuir, et dans la fuite, comme par un miracle, l'équipage ne perdit personne. Pendant dix heures de nuit, les quinze pauvres passagers restèrent sur la glace, sans abri, par le plus horrible temps, attendant le jour. Hegemann déclare que ce fut le moment le plus terrible de tout le voyage. Toutefois on ne perdait pas pied encore. On songeait même à reconstruire, avec les débris de l'ancienne maison, une nouvelle demeure. Provisoirement on se logeait, tant bien que mal, sur ou sous les embarcations aménagées pour la circonstance. Malgré les travaux, les souffrances et les vicissitudes, le bon accord continuait à régner parmi ces infortunés, que le malheur ne pouvait que rapprocher davantage. Seulement le rapporteur de ce véridique récit fait observer qu'au milieu de ces terribles épreuves, un profond abattement s'était emparé des savants, tandis que les marins étaient calmes et résolus.

On vit alors les nécessités de la faim changer, pour ainsi dire, le naturel des animaux et les apprivoiser en quelque sorte. Un renard s'introduisit sans plus de façon, dans la maison, et devint tellement familier, que chacun pouvait le caresser ; on pouvait de même approcher des oiseaux et les prendre avec la main. Cela arriva pour des bandes de linots et de bruants des neiges. On leur jetait du grain qu'ils picotaient avec avidité, et c'est pendant leur repas qu'ils devenaient si familiers.

Le 29 mars 1870, le glaçon s'arrêta pendant quatre semaines dans la baie de Nukarbik. On n'était qu'à une lieue de la côte groënlandaise, et c'est précisément pendant cette relâche involontaire qu'on vit des légions d'oiseaux s'abattre sur la glace. Durant ce séjour arriva la fête de Pâques (17 avril). La température s'adoucit extraordinairement. La mer devenait praticable. D'un autre côté les pluies compromettaient l'existence de la maison. Dans ces circonstances, on décida qu'il fallait quitter le glaçon et tenter de gagner la terre au moyen des embarcations. On débarrassa les chaloupes de tout ce qu'elles contenaient. On y avait entassé vêtements, voiles, mâts, avirons, instruments, etc.; puis on amena les embarcations sur trois glaçons, et leur contenu, porté à dos ou sur des traîneaux, y fut réintégré.

Quand il fallut quitter définitivement le glaçon flottant, le cœur se serra comme quand on quitte pour toujours un vieil ami. On y avait souffert, et on l'aimait cette arche de salut qui, pendant deux cents jours, avait porté la petite caravane à travers mille périls. Elle avait bien changé, et les vents, et les vergues, et le choc des icebergs l'avaient rendue méconnaissable; mais, comme une personne que l'âge a vieillie, on ne l'en aimait que davantage.

Voici comment se fit la répartition des hommes sur les trois embarcations. La baleinière, conduite par le capitaine Hegemann, recueillit les deux savants, le cuisinier et deux matelots. L'une des deux chaloupes portait le premier officier, Hildebrandt, avec deux matelots. Enfin la plus grosse chaloupe avait le second officier, Baule, et quatre matelots.

Lorsque le vent était favorable, on mettait à la

voile. Quand il y avait danger pour les embarcations, on les hissait sur des glaçons. L'opération consistait en un mouvement de bas en haut qu'on leur imprimait, et au moment où elles étaient soulevées pour la troisième fois, au moyen d'une forte secousse sur le câble, on engageait une partie du bateau sur la glace, et on le tirait ensuite complètement. Ainsi les chaloupes tantôt naviguaient entre les glaces, tantôt étaient hissées sur les glaçons. Cette navigation compliquée, avec les travaux qu'elle demandait, ne laissait pas que de fatiguer beaucoup les hommes. Toutefois la résignation et même une sorte de contentement régnaient dans tout l'équipage. Au milieu des tribulations de toute espèce, avec des vivres pour six semaines seulement, on trouvait le moyen d'être gai. On jouait au whist dans les moments de relâche ; un officier faisait des vers, un autre dessinait ; un troisième, pour passer les heures, racontait des histoires. Le tabac et le café venaient au secours de l'ennui et du spleen.

Le matin, on préparait une chaudière de café avec lequel on mangeait un morceau de pain sec. A midi on avait pour dîner la soupe et le bouilli ; le soir il fallait se contenter de quelques gorgées de cacao, sans lait et sans sucre. L'appétit était formidable ; l'exercice et le froid l'aiguisaient doublement ; on fut obligé de mettre chacun à la portion congrue. Les ressources présentes étaient faibles, et l'avenir était effrayant ; mais l'état sanitaire était rassurant, et la température s'adoucissait de plus en plus. Un jour, le 19 mai, un cri de surprise se fit entendre de la baleinière. On avait vu une mouche se poser sur la voile ! Une mouche était un événement. C'était le signe du retour de la belle saison, comme chez nous l'arrivée des hirondelles.

Cependant on était arrivé à la côte orientale du Groënland, qu'on longeait désormais du nord au sud dans un chenal plus ou moins encombré de glaces. Il y avait vingt et un jours que l'on cheminait ainsi, sans avancer beaucoup, depuis le jour où l'on avait abandonné le glaçon. Rien de plus triste, de plus désolé, que cette côte du Groënland. On rencontra une île, l'île d'Illuidlek. Toucher terre était un grand bonheur. On ne put résister à l'envie d'en faire l'ascension; mais que de mal pour y parvenir et pour se hisser sur les rochers, d'où l'on pouvait sonder les passes et entrevoir la mer de salut! L'île était déserte et inhabitée. On espérait au moins découvrir quelque embarcation d'Esquimaux allant à la pêche aux phoques. On n'en vit nulle trace. Après quelques heures de séjour sur ces rochers ingrats, il fallut remettre les chaloupes à flot et se confier à la Providence, qui n'avait jamais abandonné le malheureux équipage de la *Hansa*. Mais les vivres devenaient de plus en plus rares. On avait été obligé de réduire le nombre des repas, qui n'étaient plus que de deux par vingt-quatre heures. Le matin, vers neuf heures, on distribuait un quart de livre de pain à chacun avec un petit morceau de lard; le soir, à six heures, on accordait la même quantité de pain, de plus une demi-boîte de bouillon froid avec le bouilli. Le matin on avait encore un peu de café, et le soir du cacao. La faim était désormais la pensée de chacun et le sujet des entretiens de tous. On ne comptait plus les heures que pour savoir si on approchait bientôt du moment où une maigre pitance réconforterait l'estomac.

Cependant on continuait à longer la côte du Groënland dans la direction du fameux cap Farewell, qui devait être le terme des souffrances; car, par delà ce cap, on aborderait le petit port groënlandais de Friedrichsthal. Sur cette côte, en apparence déshéritée, parfois un paysage d'un pittoresque sublime provoquait l'admiration d'hommes qui n'étaient pas insensibles à ce genre de beauté, et plus d'une éloquente description, dans le rapport du commandant Hegemann, témoigne de l'impression profonde produite par la vue de ces merveilleux spectacles.

Mais la surprise la plus grande, le plus beau de tous les spectacles, ce fut lorsque, après avoir contourné une terre basse en forme de promontoire, on aperçut enfin la baie tant désirée, celle au fond de laquelle s'abritait la petite ville de Friedrichsthal.

« A quelques centaines de pas de la grève, sur un sol verdoyant, s'élevait une maison rouge, dominée par une petite cour. Sur la côte, un peu plus vers le rivage, on voyait une petite construction semblable, près de laquelle s'étendait une masse sombre de huttes en pierres, que l'on supposait des demeures d'Esquimaux. Sur la gauche s'ouvrait une large baie venant du nord. De hautes montagnes encadraient ce paysage, terminé dans le fond par une contre-chaîne de montagnes bleuâtres.

« Qui pourra comprendre ce que ressentirent les naufragés de la *Hansa?*... Celui qui, pendant de longs jours, couché sur son lit de souffrances, abandonné des médecins, convaincu de leur impuissance, renaît tout à coup à la santé, et jouit pour la première fois, sous l'influence d'un soleil bienfaisant, de la vie qui lui est rendue, celui-là seul peut comprendre le sentiment qui remplissait nos cœurs le 15 juillet 1870 ! »

Friedrichsthal est un établissement des missionnaires des frères moraves, dont la création remonte à 1827. Il est situé par 60 degrés de latitude, tout près mais un peu à l'ouest du cap Farewell. C'est l'endroit le plus méridional du Groënland habité par des Européens. Il compte quatre cent trente-sept habitants, répandus dans quelques villages d'Esquimaux. Ceux-ci l'appellent *Narsak*, c'est-à-dire « le pays plat ».

Les marins de la *Hansa* furent d'abord accueillis avec quelque hésitation. Aucun Esquimau n'osait aller au-devant d'hommes venus on ne savait d'où, sur de chétives embarcations. Les missionnaires furent naturellement plus communicatifs, et la première chose qu'ils leurs offrirent après les saluts d'usage, ce fut le café. Invités à parler, ils racontèrent leur triste odyssée. Et puisque nous faisons allusion au poème d'Homère, admirons comment, à des siècles de distance et dans des lieux bien différents, les usages de la primitive société se perpétuent toujours et partout les mêmes. Comme dans l'Odyssée, après le repas, les étrangers sont invités à faire le récit de leurs aventures; comme dans l'Odyssée, pendant que les hommes les entourent avec intérêt, les femmes lavent leur linge; il est vrai qu'ici ce ne sont pas précisément de belles princesses, mais d'affreuses Groënlandaises; toutefois, un empressement sympathique, une large et abondante hospitalité : voilà des traits communs dont on ne révoquera pas la ressemblance. Ajoutons, pour compléter le parallèle, l'échange d'objets qu'on s'offre mutuellement en gage d'amitié et de reconnaissance. Il restait aux pauvres naufragés de la *Hansa* quelques aiguilles à coudre, dont ils s'empressèrent de faire hommage aux Groënlandaises qui raccommodaient leurs vêtements, et, à ce sujet, le rapport remarque avec quel art elles confectionnent les ouvrages de cuir, « le soin, la patience qu'elles mettent à exécuter, avec des morceaux de cuir de couleurs variées et pas plus gros que des têtes d'épingle, de jolies mosaïques pour l'ornement des chaussures ou autres pièces de l'habillement. » Il ajoute que les Groënlandais sont musiciens, que l'un d'eux tenait l'orgue du temple et composait même des hymnes, suivant la circonstance. Conrad, un des officiers de la *Hansa*, dirigeait des chœurs de jeunes filles groënlandaises, à la satisfaction générale.

L'existence à Friedrichsthal était, sinon raffinée, du moins supportable. Mais il fallait partir. Précisément, à un port voisin, venait de mouiller le navire danois *la Constance*, qui sans doute recueillerait l'équipage de la *Hansa* et le rapatrierait. Le départ fut fixé au 3 juillet à onze heures du matin. Les débuts de cette nouvelle navigation ne furent pas heureux. Les glaces et les vents contraires firent perdre beaucoup de temps. Ce n'est qu'à la fin de juillet qu'on put reconnaître les îles Shetland.

« Après une traversée de près de quatre semaines sur le solitaire océan Atlantique du nord, les îles Shetland apparurent enfin à nos yeux. Bientôt nous les atteignîmes, et un bon vent nous poussa dans les eaux de la mer d'Allemagne. Nous explorions l'espace de tous côtés, cherchant à découvrir quelque navire allemand faisant voile vers notre pays, et qui aurait pu annoncer notre retour. Mais aucun ne se montra : il n'y avait sur le Dogger-Bank que des pêcheurs hollandais et norvégiens. Enfin nous atteignîmes l'entrée du Cattégat; la mer se peuplait de plus en plus autour de nous; à la hauteur de Skagen, plus de trois cents navires faisaient route avec nous vers la Baltique, et cependant on n'apercevait encore aucune voile d'Allemagne. Quelle en pouvait être la cause? L'Allemagne avait-elle perdu sa marine pendant notre absence? Mais bientôt un pilote vint à bord et nous apprit les événements graves qui venaient de se passer en Europe. » C'était la guerre de la Prusse contre la France!

La vue de Copenhague procura à l'équipage de la *Hansa* une sensation délicieuse. Ce n'était pas seulement la nature qui changeait d'aspect et qui se revêtait des plus douces, des plus riantes couleurs. On sentait qu'on entrait dans un monde plus civilisé. Seulement, quand les marins de la *Hansa* débarquèrent à Copenhague avec leurs vêtements de phoques, tout déchirés, tout déguenillés, on les prit pour des bêtes curieuses. Ils sentirent le besoin de renouveler leur garde-robe; et comme ils étaient sur le point d'entrer dans un magasin de vêtements confectionnés, le patron, les prenant sans doute pour des échappés de prison, leur barra l'entrée de sa maison. Il ne fallut pas moins qu'un certificat du consul allemand pour faire lever la consigne. Quand ils furent dans une tenue plus présentable, ils purent se rendre à l'hôtel, où même encore leurs visages hâves et défaits inspirèrent quelque inquiétude aux maîtres paisibles de ce séjour.

Cependant le télégraphe avait annoncé partout en Allemagne le retour de l'équipage de la *Hansa*. Le personnel était au complet. Un navire allemand, la *Friedericia,* le transporta dans le Schleswig. Quelques jours après, les marins de la *Hansa* fraternisaient avec ceux de la *Germania* dans le port de Bremerhaven. Avec quel plaisir on se revoyait! Que de récits on avait à se communiquer de part et d'autre! Avant tout ne fallait-il pas remercier la Providence, qui, en soumettant les uns et les autres à tant d'épreuves et à tant de misères, avait voulu que pas un d'eux ne succombât dans les glaces polaires!

# CHAPITRE IV

---

## C.-F. HALL

—

Le *Polaris*.

L'année 1872 est particulièrement remarquable par trois expéditions arctiques subventionnées par trois puissances et dirigées sur trois routes différentes.

Le *Polaris*, équipé par les États-Unis, devait s'engager dans le détroit de Smith; le *Polhem*, construit par la Suède, attaquer le pôle par le nord des îles Spitzberg; enfin le *Tégétoff*, armé aux frais de l'Autriche, atteindre le but par la *Novaia-Zemlia*[1]. Nous ne dirons que peu de mots de la première expédition. La troisième nous arrêtera plus longtemps.

Le navire qui portait ce nom de bon augure, *Polaris*, était un vapeur à hélice très solide, pourvu d'un fort approvisionnement de charbon, ayant pour commandant en chef le capitaine Hall, déjà connu dans les annales de la navigation polaire, et pour chef du service scientifique le docteur Bessels.

---

[1] La *Nouvelle-Zemble*.

Le *Polaris* partit, vers la fin de juin 1871, dans la direction déjà suivie, dix ans auparavant, par l'*United-States*. Il s'engagea cinquante lieues plus loin que le point extrême atteint par ce dernier, et découvrit une baie, qu'on appela *Polaris,* et un canal s'ouvrant vers le pôle, qu'on appela *Robesen*. Malheureusement le capitaine Hall, cet excellent officier si instruit, si zélé pour le progrès des recherches arctiques, mourut au mois d'août 1872. Enfin la débâcle des glaces força le *Polaris* au retour. Il fut surpris, pendant sa navigation, par les glaces et courut grand risque d'être broyé. On songea même, en prévision d'une perte probable, à transporter sur un glaçon une partie de son chargement. Tout à coup une rafale sépara violemment le navire du glaçon, sur lequel se trouvaient, avec les objets transbordés, huit matelots, neuf Esquimaux, dont deux femmes et cinq enfants. Le capitaine Tyson dirigea le sauvetage, grande et périlleuse tâche! Les vivres étaient rares à bord de cet étrange navire, que ne dirigeait aucun gouvernail. Les passagers étaient absolument à la grâce de Dieu, à la merci des vagues et des vents. Les malheureux vécurent cent quatre-vingt-dix-sept jours sur ce radeau d'un autre genre, au milieu des angoisses les plus vives. Parfois il leur arrivait de voir la terre; ils espéraient pouvoir y atteindre; mais le courant, un iceberg ou toute autre cause les en éloignait. Parfois encore le glaçon se brisait et réduisait d'autant l'espace où les passagers pouvaient se mouvoir. Enfin, ce qu'il y avait de plus grave, les provisions diminuaient, et la famine menaçait de leur faire sentir ses terribles étreintes. Heureusement la Providence leur envoyait de temps en temps de quoi leur faire prendre patience : c'étaient tantôt quelques pétrels,

tantôt des phoques assez téméraires pour aller s'é-
chouer contre le glaçon. Un jour ce fut un ours
blanc qui fut la ressource de l'équipage. Il avait été
abattu facilement, car le besoin double l'adresse et
le courage.

Tout à coup une voile se détacha sur le blanc mat
des neiges. On juge de la joie du malheureux équipage. C'était un navire baleinier, la *Tigresse*, qui
voyageait sous pavillon américain. La *Tigresse*,
malgré son nom, fut douce et clémente; elle recueillit les infortunés et les ramena sains et saufs
dans un port américain, où ne tarda pas à les rejoindre le reste de l'équipage du *Polaris*.

# CHAPITRE V

## PAYER ET WEYPRECHT [1]

### Le *Tégétoff*.

Les deux expéditions précédentes n'étaient pas sérieuses au point de vue de la science géographique. Le problème restait toujours sans solution. On se demanda s'il était bien posé, s'il fallait continuer à chercher le pôle nord par une route ou par une autre, et s'il ne valait pas mieux tenter de découvrir par le nord de la Sibérie et par le détroit de Behring un canal de jonction entre l'Atlantique et le Pacifique. C'était, comme on le voit, retourner en arrière, reprendre sur nouveaux frais les entreprises qui ont immortalisé les Franklin, les Mac-Clintock et les Mac-Clure. Cette fois l'initiative partit de l'Autriche, c'est-à-dire d'un pays qui n'était pas, par sa position géographique, directement intéressé à la solution du problème.

---

[1] L'expédition du *Polhem*, commandant M. Nordenskjold, n'offrant pas beaucoup d'intérêt, nous la passons sous silence pour entamer l'histoire du *Tégétoff*, beaucoup plus intéressante.

Deux officiers, l'un russe, l'autre autrichien, ayant déjà donné, dans plus d'une entreprise de ce genre, des preuves d'intelligence et de courage, MM. Payer et Weyprecht, furent placés à la tête de la nouvelle expédition, qui fut richement subventionnée par deux seigneurs autrichiens, les comtes Zichy et Wilczec. Ce dernier fréta à lui seul un bâtiment chargé, sous son commandemeut, de devancer les deux officiers à la Nouvelle-Zemble et d'y déposer des approvisionnements de tout genre.

Le *Tégétoff* était un vapeur à hélice, de deux cent vingt tonneaux, monté par vingt-cinq hommes d'équipage, y compris le capitaine norwégien Carlsen, que l'on devait prendre à Tromsoë, en qualité de harponneur et de guide au milieu des glaces. Le *Tégétoff* avait pour mission d'étudier les régions peu connues des mers arctiques, particulièrement au nord de la Sibérie; de voir s'il était possible de gagner de ce côté le détroit de Behring. Il ne devait s'aventurer vers le pôle que si, au cours de deux hivers et de trois étés, il ne parvenait pas à doubler le cap *Sévéro*, pointe extrême de l'Asie.

Le *Tégétoff* quitta Tromsoë[1] le 14 juillet 1872, doubla le cap Nord de l'Europe vers la fin de ce mois, se dirigea vers Novaïa-Zemlia, et ne tarda pas à voir les premières glaces par 74 degrés. Jusqu'ici tout allait bien; mais des difficultés inattendues n'allaient pas tarder à se présenter. D'abord l'été de 1872 fut rude en ces climats, et le navire fut souvent arrêté par les glaces le long de la côte occidentale de la Novaïa-Zemlia. Il rencontra le yacht norwégien *l'Isbjorn*, frété par le comte Wilczec et chargé d'approvisionnements, qu'il devait déposer

----

[1] Port de la Norvège par 69 degrés de latitude.

au cap Nassau, pointe extrême de la Nouvelle-Zemble, au nord. Le dépôt s'effectua, le 16 août, dans l'intérieur d'une crevasse étroite, inaccessible aux ours, et, le 18, les deux équipages célébraient d'un commun accord la fête de l'empereur François-Joseph.

Le 21 août, les deux navires se séparèrent, et pendant *vingt-cinq* mois on n'eut plus de nouvelles du *Tégétoff*. Le comte Wilczec fit confectionner quantité de petits ballons en caoutchouc qu'il distribua, munis de dépêches, aux baleiniers en partance pour les mers du Nord, afin que, arrivés aux lieux de leur station, ils les pussent lâcher dans toutes les directions. Les gouvernements anglais et russe donnèrent des ordres pour que l'on s'enquît du sort de l'expédition.

M. Peterman, savant allemand dont nous parlerons plus loin, avait soutenu qu'on n'aurait pas de nouvelles du *Tégétoff* avant l'automne 1874. Le 3 septembre, en effet, on apprit tout à coup que MM. Payer et Weyprecht venaient de débarquer en Europe, et peu de jours après ils étaient de retour à Vienne, où les attendait un accueil enthousiaste.

Voici ce qui leur était arrivé :

On a vu que le 21 août le *Tégétoff* avait pris congé de l'*Isbjorn*. Le soir même il était enfermé par les glaces et prisonnier pour deux ans. On sait également que l'automne de 1872 a été excessivement froid. Il n'y eut pas moyen d'entamer la glace par la scie ou la mine. La banquise dans laquelle le *Tégétoff* se trouvait engagé et comme encastré s'en allait doucement à la dérive vers la direction du nord-est. Toute trace de terre avait disparu.

Cette situation, déjà fort triste en elle-même, se compliqua à partir du 13 octobre. Le navire se

La chasse aux ours.

voyant de plus en plus exposé à périr écrasé entre les blocs de glace qui se pressaient sur ses flancs, MM. Payer et Weyprecht se trouvaient heureux de ne pas être tourmentés par une de ces terribles bourrasques qui les avaient si fortement éprouvés en 1869 et en 1870, sur les côtes du Groënland. Les chiens (il y en avait sept à bord) avaient été installés sur le pont, dans de grandes caisses garnies de paille. Cet animal, si précieux dans ces parages, le devint davantage dans les tristes circonstances où l'on se trouvait. Il garantissait l'équipage contre l'attaque des ours blancs. On tua, dans le cours de ces deux années, *soixante-sept* de ces animaux, dont la chair fut conservée avec soin pour être mangée, et dont la peau donnait d'excellentes fourrures pour se garantir du froid. Le scorbut était un autre genre d'ennemi que les précautions physiques ne suffisaient pas à combattre; ce mal a sa source moins dans les troubles du corps que dans les perturbations morales. Pour comble de misère, le 20 octobre, le soleil disparut pour ne se montrer que cent neuf jours après!

L'immense banquise, toujours poussée vers le nord-est, avait décrit un arc de huit degrés. Tout à coup les vents changèrent de direction, et, le 16 février, le soleil reparut sur l'horizon.

Dans les premiers jours de l'été de 1873, on espéra que la banquise allait se dissoudre et le *Tégétoff* retrouver la liberté de ses mouvements. Mais c'était là une illusion. La glace à laquelle il était attaché avait quarante pieds d'épaisseur, et quand les vents eurent diminué de moitié cette épaisseur, il se trouvait encore à sept pieds de sa ligne de flottaison.

Le *Tégétoff* se préparait donc à braver les épreuves d'un second hivernage, sous la menace perpétuelle des glaces qui le pressaient chaque jour davantage, lorsque sa situation se modifia tout à coup. Depuis longtemps il dérivait, avec la banquise où il était enchassé, vers des parages où jamais créature humaine n'avait pénétré. Un jour, M. Payer et ses compagnons virent émerger, à quatorze milles vers le nord, au-dessus d'une couche de brouillards, les formes lointaines d'une terre inconnue. La limite sud de cette terre pouvait se trouver par le 80e degré de latitude. On juge de la surprise et de l'enthousiasme qui s'emparèrent de l'équipage. On marcha droit vers le but tant désiré. Malheureusement on ne put aller plus loin que les bords de la banquise, c'est-à-dire à un mille au plus du navire, à cause de l'interruption des glaces. C'était là une cruelle déception. Avoir devant ses yeux une terre nouvelle, dont la découverte devait immortaliser ses premiers conquérants, la toucher, pour ainsi dire, du doigt, et ne pouvoir y atteindre !

Enfin, dans les derniers jours d'octobre, comme on se trouvait à trois milles d'une île située en avant de la terre inconnue, on s'élança sur la glace, crevassée en mille endroits, on franchit les amas de blocs, et on mit le pied sur la terre ferme par 79° 54' de latitude.

Une couche de glace d'un seul pied d'épaisseur, près de la côte, marquait la présence d'une eau douce venant de la terre. Mais il était impossible de rêver une île plus triste et plus désolée que celle où l'on venait de poser le pied. La neige et la glace couvraient seules d'immenses amoncellements de ruines. Telle qu'elle était, elle n'en avait pas moins une grande importante aux yeux du capitaine Payer, qui lui donna le nom du comte de Wilczec, ce généreux promoteur de l'expédition austro-hongroise.

Le 22 octobre, le soleil disparut pour la seconde

fois sous l'horizon. Il était impossible de pousser plus loin les explorations dans l'île nouvellement découverte. Toutefois, nous le répétons, les premières semaines de la nuit polaire ne sont pas absolument privées de cette lumière crépusculaire qui permet de faire des observations. Mais lorsque, vers le milieu de décembre, la longue nuit polaire eut atteint son maximum d'intensité, on fut plongé, pendant plusieurs semaines, dans une obscurité absolue, au point de ne pouvoir distinguer la forme indécise des ours blancs, qui venaient si près du navire qu'on pouvait les abattre en tirant du pont. Le froid faisait sentir ses morsures cruelles, et le mercure restait constamment gelé.

Cependant, avec le mois de février, on attendait le retour du soleil. Il reparut, en effet, le 24 février. Le *Tégétoff* restant toujours engagé dans les glaces, on prit le parti de l'abandonner et de tenter sans lui le retour en Europe. On avait des traîneaux et les chaloupes du navire. Néanmoins, avant d'abandonner peut-être pour toujours les régions inconnues où l'on se trouvait, MM. Payer et Weyprecht étaient décidés à en prendre plus ample connaissance. Ils couraient risque, il est vrai, de se trouver un jour séparés du *Tégétoff,* s'il continuait à s'en aller à la dérive; mais la reconnaissance d'une terre nouvelle avait un tel attrait aux yeux de nos explorateurs, qu'ils résolurent de tenter l'aventure.

En conséquence, le 10 mars, Payer, accompagné de deux Tyroliens, de quatre matelots et de trois chiens, quitta le navire, n'emportant qu'un grand traîneau avec lui. Il parcourut une partie de la côte occidentale de l'île, fit l'ascension de deux caps montagneux, traversa un fjord pittoresque, le *Nordenskjold,* et côtoya le glacier *Soutelar.* Jusque-là il n'apercevait nulle trace de vie dans cette triste région. Partout de gigantesques glaciers couvrant les profondes solitudes des montagnes. Celles-ci se terminaient soit en cimes abruptes, soit en larges plateaux. Elles étaient d'ailleurs d'une éblouissante blancheur. Leurs étages symétriques faisaient l'effet de colossales cristallisations superposées, ou prenaient l'aspect de fantastiques colonnades. La petite caravane était exposée au froid le plus intense. Le thermomètre descendit jusqu'à 40 degrés (Réaumur); les vêtements étaient rigides sur le corps des hommes.

Une seconde excursion, dans de meilleures conditions, car cette fois le thermomètre ne descendit pas au-dessous de 26 degrés, confirma Payer dans l'idée que les terres découvertes n'étaient pas moins importantes en étendue que le Spitzberg, et qu'elles se composaient de plusieurs agglomérations considérables, coupées par de nombreux fjords et entourées d'îles nombreuses. Aux unes il donna le nom de *Wilczec;* aux autres, celui de *Zichy.* L'ensemble des terres prit celui de *François-Joseph,* le nom de l'empereur d'Autriche. Le 8 avril, Payer atteignait le 81° 37' de latitude, le point le plus rapproché du pôle où, suivant lui, on soit jamais parvenu. En poussant, non sans de grandes difficultés, ses explorations vers le nord des nouvelles terres, il remarqua qu'il s'était opéré un grand changement dans la nature. Au nord le ciel était bas et d'un bleu foncé, presque noir. Des vapeurs d'un jaune sale se formaient sous l'action du soleil; la température s'adoucissait; la neige s'amollissait sous les pieds; des vols d'oiseaux couvraient les rochers, qu'ils animaient de leurs bruyants ébats. Partout on apercevait des pistes d'ours, de lièvres et de renards; des

phoques se groupaient étendus sur les glaces; le sol
sur lequel on marchait ne consistait plus qu'en une
mince couche de glace fraîche, mêlée de sel, d'un
à deux pouces d'épaisseur, flexible et couverte de
débris, suite de débâcles antérieures. Tout avertis-
sait qu'il fallait s'avancer prudemment sur ce terrain
nouveau. Les hommes de l'expédition s'attachèrent
à une même corde, chacun portant son fardeau, et
s'ouvrirent un chemin à l'aide de la hache, en fen-
dant à chaque pas l'épaisseur de la glace.

Après qu'on eut doublé l'*Alken-Cap*, véritable
volière où frétillaient gaiement des nuées d'oiseaux,
on arriva aux deux colonnes solitaires du *Saülen-
Cap*. On était en présence de la mer libre! Le point
de vue était sublime. Du haut d'une colline on apercevait au loin une mer d'un bleu sombre et parsemée
des blanches perles de ses montagnes de glaces. Le
ciel était sillonné de lourds nuages; le soleil faisait
par intervalles miroiter la surface des eaux; puis
au-dessus du soleil on voyait, par un de ces phénomènes de réfraction si communs dans les mers polaires, un second soleil d'un éclat moins vif, tandis
que dans le lointain se dressaient, à une hauteur
énorme, les glaciers de la terre du *Prince-Rodolphe*,
qui se détachaient en blanc teinté de rose à travers
la brume. La mer libre apparut de nouveau au cap
*Filigely*, au delà du 82°. Était-elle complètement
navigable? Sans attacher plus d'importance qu'il ne
convient à un fait resté douteux, M. Payer s'estima
heureux : premièrement, d'avoir découvert de nouvelles terres; en second lieu, d'en avoir reconnu la
côte jusqu'au delà du 83°, le *nec plus ultra* des explorations polaires. A cette latitude extrême, Payer
se fit un devoir et un honneur d'arborer le pavillon
de l'Autriche.

Après cette cérémonie, il déposa dans une fente de rocher un document attestant la présence de l'équipage du *Tégétoff* ; puis il songea à regagner son navire, resté à cent soixante milles derrière lui. Le *Tégétoff* n'avait pas bougé de place, et la banquise était restée immobile. Après vingt-deux mois de séjour dans les glaces, sans espoir de voir de longtemps le navire à flot, devant l'horrible appréhension de mourir de faim dans ces régions désertes et inhospitalières, le retour en Europe fut décidé. En conséquence, le 20 mai au soir (1874), les pavillons furent cloués au navire, et la retraite commença. Chaque passager n'emportait avec lui, outre les vêtements qu'il avait sur le corps, qu'une couverture de laine pour se préserver du froid pendant la nuit. On traînait, à tour de rôle, quatre canots sur patins et trois grands traîneaux avec des chargements de dix-sept quintaux et demi chacun, consistant en provisions, nourriture, etc., pour trois à quatre mois. Quand on fut arrivé à la limite de la glace solide, il fallut des efforts inouïs pour opérer le transport des traîneaux et des canots de banquise en banquise, et leur faire traverser les solutions de continuité de la glace. Telles furent les difficultés du parcours et la persistance des vents contraires, qu'au bout de deux mois on n'était encore qu'à DEUX milles du *Tégétoff !* Enfin, dans la seconde moitié de juillet, les vents tournèrent au nord, et des chenaux et des flaques d'eau se formèrent au milieu des glaces. De longues pluies vinrent ramollir la glace, en sorte qu'au bout de vingt jours on avait parcouru soixante milles, tantôt en s'aidant de la hache et du harpon, tantôt en ramant ou bien en hissant les voiles.

Le 23 juillet on repassait le 79° de latitude. Le 7 août on sentit sous les pieds un mouvement vacil-

lant, signe certain du voisinage d'une mer ouverte.
Le 15 août on atteignit enfin la haute mer sous le
77° 40'. On démonta les traîneaux et on s'établit dans
les barques. Grâce à une accalmie prolongée, on
aperçut dès le lendemain les hautes montagnes de
Novaïa-Zemlia. Le 21 août on doublait le cap
Britwen, et l'on rencontrait dans l'embouchure
d'une rivière, sous 72° 40', une barque qui apparte-
nait à deux schooners russes, où l'équipage du
*Tégétoff* reçut une cordiale hospitalité. Payer,
Weyprecht et leurs courageux et dévoués compagnons s'embarquèrent à bord du *Nikolaj,* qu'ils
louèrent moyennant douze cents roubles pour aller
à Vardo, où, en effet, ils arrivèrent le 3 septembre.

# CHAPITRE VI

—

## GUSTAVE LAMBERT

Quelle part la France a-t-elle eue dans ces glorieuses entreprises? Nulle ou presque nulle. La liste de nos compatriotes qui se sont aventurés dans les expéditions arctiques se réduit à deux ou trois noms : de Blosseville, Bellot, Gustave Lambert. Encore, sur ces trois noms, le second appartient-il à l'histoire de la marine anglaise. Quant au dernier, on sait qu'il ne put jamais effectuer le voyage à la suite duquel il devait hisser au pôle le pavillon français. Que sera l'avenir et quelle place la France tiendra-t-elle un jour dans l'histoire des expéditions au pôle nord? Nous ne savons. En attendant, disons quelques mots des trois noms cités tout à l'heure.

De Blosseville, né à Rouen en 1802, s'embarquait, le 4 juillet 1833, sur la *Lilloise*, qui partait pour l'Islande et le Groënland. Le 5 août suivant il envoyait au capitaine Duperré des observations magnétiques et dressait la carte d'une partie de la côte est du Groënland. Il écrivait à son frère : « Les glaces sont impénétrables, et c'est sans danger, en me tenant en dehors d'elles, comme sur une côte, que j'espère terminer d'ici à vingt jours ma reconnaissance, dont je vous donnerai moi-même des nouvelles avant peu, si je puis encore trouver des bateaux de pêche. » Obligé de relâcher à *Napna-Fjord*, il en repartit dans l'espoir de trouver les glaces du Groënland plus divisées. Depuis lors on n'a plus entendu parler de lui.

Nous avons consacré un livre presque entier à Bellot, ce jeune officier de la marine française, si intéressant, et auquel un grand avenir semblait réservé. Nous avons raconté les péripéties de ses voyages dans les mers polaires, et finalement sa mort si triste et si peu expliquée au milieu de ces mêmes glaces.

Quant à Gustave Lambert, ce fut une destinée presque aussi malheureuse. Sorti de l'Ecole polytechnique, il entra dans la marine marchande.

Le 12 juillet 1865, il partait du Havre sur un baleinier qui allait retrouver, par le cap Horn, le détroit de Behring. Arrêté pendant trois mois au milieu des banquises des mers arctiques, il put étudier sur place le problème du pôle nord. Il se croyait sur la route qui y mène et par laquelle, un siècle avant lui, Cook avait aussi tenté l'aventure. Il était pénétré de la vérité de ces deux axiomes : fuir les terres et se servir alternativement du traîneau et du navire pour parvenir au but. En conséquence, au mois de juillet, au moment de la grande débâcle des glaces, il franchirait le détroit, doublerait à l'ouest le cap Seroze et le cap nord de Cook, pour pénétrer au milieu des glaces flottantes jusqu'à la *Polynia* ou mer libre, et enfin cingler jusqu'au pôle. Malheureusement la constitution du navire qui le portait ne le rendait pas propre à affronter une longue navigation, et il revint en France, non point découragé, mais bien décidé, au contraire, à refaire sur nouveaux frais, et à son compte, l'expédition au pôle nord. Il fallait d'abord intéresser le public au succès de l'entreprise, trouver les fonds nécessaires pour la conduire à bien. G. Lambert estimait qu'il lui fallait six cent mille francs. S'adresser à l'État était peine perdue. L'Etat trouve trente millions pour construire en douze ans un opéra qui n'est pas un type d'académie lyrique, mais ne trouve pas mille francs pour subventionner une entreprise qui intéresse la science et l'humanité! Aussi qu'est-il arrivé? Nous nous sommes laissé dépasser dans l'ordre des entreprises nautiques, non point seulement par l'Angleterre et l'Allemagne, mais encore par l'Autriche.

G. Lambert entretint le public de ses projets, dans une suite de conférences qu'il fit à Paris et dans les principales villes de France. Une parole vive et animée, un accent convaincu lui rattachèrent l'opinion, vivement excitée d'ailleurs par le récit des entreprises rivales exécutées par nos voisins d'outremer. Les savants applaudirent au projet de Lambert. L'empereur donna 50,000 francs. Malheureusement cet exemple ne fut pas suivi. Les souscriptions ne marchaient pas. A la fin de 1868, G. Lambert n'avait pas encore réalisé la moitié de la somme nécessaire à son entreprise. Et pourtant il voulait partir à la fin de janvier 1869. Des difficultés avec le comité chargé de centraliser les souscriptions paralysèrent ses derniers efforts et l'empêchèrent de donner suite à ses projets. Un moment découragé, il cessa ses conférences, et quand il voulut les reprendre, la guerre de 1870 éclatait. G. Lambert, n'écoutant que son patriotisme, prit du service dans cette guerre, et fut tué au combat de Buzenval, au mois de janvier 1871.

Que reste-t-il de cette entreprise manquée? Un document, une lettre d'un homme qui ne fut pas toujours notre ennemi et qui se plut à rendre hommage à la marine française. Il faut savoir que M. Peterman jouit en ce moment, au delà du Rhin, d'une grande autorité en matière d'explorations arctiques. Ce qu'il a écrit de volumes et de mémoires à ce sujet est incalculable. Bien qu'il n'eût pas voyagé dans les mers polaires, il en connaissait la géographie mieux que les marins qui y ont séjourné de longues années. C'est lui que l'on consulte toutes les fois que s'annonce une nouvelle expédition, et, comme on l'a vu plus haut à propos du *Tégétoff,* ses prédictions se trouvent toujours réalisées. En un mot, c'est M. Peterman qui mène le chœur des *polaristes.* Or voici ce qu'il écrivait, en 1867, à Gustave Lambert, en lui envoyant sa souscription.

« Monsieur, je m'empresse de venir vous exprimer la joie vraiment grande avec laquelle j'apprends par les journaux que la France, répondant aux efforts de M. G. Lambert, mon honorable ami, veut faire de l'expédition au pôle nord une entreprise nationale, et qu'un appel a été adressé à vos compatriotes pour recueillir la somme de six cent mille francs.

« Désirant contribuer autant qu'il m'est possible à l'exécution de cette noble entreprise, je vous prie de vouloir bien accepter ma modeste offrande de cent francs, que je regrette de ne pouvoir vous envoyer mille fois plus grande.

« En ma qualité d'Allemand, j'aurais été heureux que l'Allemagne, qui s'est vouée à l'étude des sciences géographiques avec une prédilection toute particulière, et qui prend aussi à cette entreprise un intérêt des plus vifs, eût contribué pour quelque chose à la solution de ce grand problème; mais je me réjouis néanmoins sincèrement, comme serviteur impartial de la science géographique, de voir enfin qu'un peuple, n'importe lequel, fait d'énergiques efforts pour arriver à cette solution si intéressante pour l'humanité, et que c'est du moins une nation européenne qui se charge de cette glorieuse tâche.

« Je suis en outre particulièrement satisfait que ce soit la France qui parvienne à réaliser ce que l'Angleterre et l'Allemagne ont tenté, vu que votre pays possède en abondance les moyens intellectuels et matériels indispensables pour l'exécution d'un si grand projet.

« Il est triste que de nos jours les gouvernements des nations civilisées, qui possèdent en grande quantité les vaisseaux, les hommes et l'argent nécessaires pour les expéditions maritimes de ce genre, n'emploient toutes ces richesses que comme machines de guerre et moyens de destruction, et refusent leur participation à ces grandes œuvres de paix et de civilisation.

« C'est une honte pour notre génération si active, et, comparée avec celles des époques antérieures, si riche au point de vue matériel, que nous connaissions si peu la terre que nous habitons, et qu'une carte de notre globe soit beaucoup moins complète et moins exacte qu'une carte de la lune.

« Avec les millions prodigués pour un seul des énormes vaisseaux de guerre que l'on construit à présent, on pourrait certes faire les préparatifs les plus complets pour une douzaine de voyages de découvertes.

« Pendant près d'un siècle, c'est-à-dire de 1766 à 1840, la France surpassa toutes les autres nations par une longue suite d'importants voyages maritimes entrepris à la recherche de pays inconnus, sous la conduite de Bougainville, Kerguélen, de Trémarec, Lapérouse, Pagès, Marchand, Labillardière, d'Entrecasteaux, Freycinet, Duperrey, Vaillant, Dupetit-Thouars, Laplace, Tréhouart, Dumont-d'Urville, tous noms qui occupent la première place dans l'histoire de la géographie; mais depuis 1840, c'est-à-dire depuis un quart de siècle, la France semblait avoir renoncé à ces glorieuses expéditions. Tous les voyages de cette illustre époque étaient de plus entrepris « par ordre du roi ». L'expédition préparée en ce moment par la nation elle-même est donc le commencement d'une ère nouvelle dans la part prise par votre pays à l'étude de notre planète. »

Cette lettre, écrite en français, témoigne des sentiments, alors français, qui inspiraient son auteur.

# APPENDICE

—

## L'EXPÉDITION ANGLAISE

### AU POLE NORD [1]

—

### I. — LE PROGRAMME

Le problème du pôle nord est-il insoluble?
M. Nordenskjold, à qui de nombreuses expéditions
dans les mers de glace du Spitzberg et de la Nouvelle-Zemble ont donné l'expérience de ce genre
d'explorations, est convaincu qu'il faut renoncer à
pénétrer *par la navigation* dans les régions inconnues du pôle. D'un autre côté, M. Payer, du *Tégétoff*,
on l'a vu, est plus explicite encore : suivant lui, il
n'existe *aucun Océan polaire;* il y a autour du pôle
une ceinture de glaces à peu près infranchissable,
dans laquelle on ne peut s'engager que par un fait
du hasard.

---

[1] Les journaux anglais et français ont longuement entretenu
le public des préparatifs et du départ de l'expédition anglaise.
Nous leur avons naturellement emprunté les éléments de cette
notice. Nous devons beaucoup aussi à l'*Explorateur,* nouveau
recueil hebdomadaire de *géographie commerciale.*

Ces affirmations n'ont pas découragé les Anglais. D'ailleurs, dès qu'une porte est ouverte au hasard, il se trouve toujours des gens prêts à s'aventurer dans les domaines de l'inconnu.

C'est la Société royale géographique de Londres qui a eu l'initiative de la nouvelle entreprise. Avec un empressement que n'ont pu décourager les dernières et malheureuses tentatives des Suédois et des Autrichiens, elle a saisi son comité arctique du projet d'une nouvelle expédition polaire et du programme à rédiger pour en assurer l'exécution. Le comité a publié son *Mémoire* au mois de février 1875, et la Société l'a soumis à l'hydrographe de la marine. De son côté le conseil de l'Amirauté nommait un comité arctique chargé de donner son avis sur le projet présenté par la Société.

Les choses marchent vite en Angleterre. C'est au mois d'octobre 1874 que la Société a présenté son rapport. Au mois de mai suivant l'expédition était prête à partir. Que l'on se rappelle le pauvre Gustave Lambert et le temps qu'il lui a fallu, non pas pour réaliser son projet, mais seulement pour le faire connaître !

A la suite des rapports échangés entre la Société et l'Amirauté anglaise, il fut décidé que deux navires partiraient pour le pôle nord et s'engageraient dans le détroit de Smith, déjà visité par des explorateurs américains, entre autres par Hall. Voici, d'ailleurs, en résumé, le programme du voyage :

Les deux navires devaient, autant que possible, se partager le théâtre des découvertes et des explorations. L'un d'eux se posterait de façon à servir de refuge à l'autre en cas de désastre, et aussi de manière que les équipages combinés pussent atteindre sans trop de difficultés, soit en traîneaux, soit avec

des embarcations, un troisième navire, dit *de secours,*
qui serait envoyé en temps utile au détroit de Smith.
Le second navire ne devait pas dépasser 82° de
latitude.

Le chef de l'expédition, assuré de la position et
des ressources du second navire, devait y prendre
quelques hommes de l'équipage pour renforcer le
sien et pousser une expédition en traîneau vers le
pôle, puis cingler aussi loin que possible vers le
nord. Les deux navires ne devaient pas hiverner à
plus de deux milles l'un de l'autre. Si le chef de
l'expédition dépassait, pendant l'été de 1875, cette
limite, il devait s'efforcer d'y rentrer. Il serait plus
sage, en effet, de rejoindre le second navire et de
combiner les forces pour l'exploration pendant le
printemps et l'été de 1876 [1].

Si le premier navire trouvait dans son exploration
une ligne de côtes s'étendant vers de très hautes
latitudes, son commandant devait avoir soin de
laisser des stocks de provisions échelonnés dans divers endroits. Arrivé au point nord le plus extrême
qu'il aurait pu atteindre, il aurait soin également
d'y laisser une embarcation qui devait lui servir au
printemps suivant.

[1] Nous trouvons dans un journal un résumé assez clair de
ce programme : « Les deux navires partiront vers la fin de mai
pour gagner la baie de Baffin, la baie de Melville et le détroit
de Smith; un des navires s'y arrêtera, et enverra une partie
de son équipage avec des traîneaux pour échelonner des dépôts
de provisions et de combustible aussi loin au nord que possible. L'autre navire poursuivra sa route au nord jusqu'à ce
qu'il soit arrêté par les glaces, ou qu'il soit parvenu au point
extrême où il lui soit possible de communiquer avec le premier. De même il passera l'automne et l'hiver de 1875 à échelonner des dépôts de vivres dans la direction du nord. Pendant
l'été de 1876, une expédition partira du navire le plus avancé
et tâchera d'atteindre le pôle au moyen de traîneaux et de
bateaux. »

Dans le cas d'absence d'une côte continue, le voyage en traîneau devenait nécessaire; le chef de l'expédition devait avoir à sa disposition six fortes équipes de traîneaux à hommes et quatre attelés de chiens. Ces opérations en traîneau commenceraient au printemps. Au retour on devait organiser des expéditions pour l'exploration des côtes.

Le chef de l'expédition donnerait des instructions précises, afin d'éviter le danger d'une séparation entre les différentes divisions. Il devait en outre faire son possible pour rejoindre le second navire pendant la saison navigable de 1876, afin de retourner avec lui en Angleterre, si son expédition du printemps avait eu un succès convenable. Cependant, s'il jugeait qu'il fût absolument nécessaire de rester encore une saison pour terminer ses explorations, le comité ne s'y opposait pas. En ce cas, il devait prendre les plus grandes précautions et ne pas perdre de vue un seul instant le second navire, de façon à pouvoir s'en servir au besoin.

Le comité était d'avis qu'en 1877 le chef de l'expédition fût libre d'abandonner les deux navires si, après conviction mûrement réfléchie, il jugeait le dégagement de ces navires, sinon impossible, au moins douteux. Il ferait en sorte alors de les quitter assez à temps pour gagner le navire de secours envoyé à l'entrée du détroit de Smith, et cela dans la première semaine de septembre 1877. En effet, un troisième navire de secours et de dépôt devait être envoyé dans le courant de l'été à l'entrée du détroit, et s'y trouver au plus tard dans la dernière semaine du mois d'août.

Dans le cas où, les navires étant pris par les glaces, le chef de l'expédition se déciderait à rester dans l'espoir de les dégager, il devait agir avec la plus

grande prudence et voir s'il n'y aurait pas lieu de
réduire les deux équipages à un minimum et de
renvoyer tous les hommes dont il pourrait se passer
au navire de secours.

Le gouvernement danois, qui possède des établis-
sements sur la côte du Groënland, s'intéressant
vivement à l'entreprise, promettait de tenir à la disposition des explorateurs, dans l'île de Disco, des
chiens et des conducteurs de traîneaux. Les États-
Unis abandonnaient à l'expédition les provisions de
toutes sortes laissées par le *Polaris* en différents
endroits. Enfin le parlement anglais accordait une
somme de quatre-vingt-dix-huit mille cinq cents livres
sterling (deux millions quatre cent soixante-deux
mille cinq cents francs) pour les premières dépenses
de l'entreprise dont nous allons maintenant examiner
les préparatifs.


## II. — LES PRÉPARATIFS


Il avait été décidé que deux navires, l'*Alert* et la
*Discovery*, seraient construits dans les chantiers de
Portsmouth sous la surveillance d'un comité d'officiers expérimentés. Ce comité se composait : de
l'amiral Richard, de l'amiral sir Léopold Mac-
Clintock et de l'amiral Sherard-Osborn. Toutefois
sir Mac-Clintock avait la direction personnelle des
travaux.

Les deux navires devaient être construits en bois
de chêne et de teck, aussi solides que le fer, de façon
à résister à l'énorme pression des glaces. L'*Alert*,
chargé de pousser plus avant l'exploration polaire,
devait porter cinq tonnes d'esprit-de-vin, dix tonnes
de pain, quatre-vingt-cinq tonnes de bœuf salé,

porc, lard, café, sucre, farine, conserve de viande, plus dix tonnes de provisions diverses. Le poids total à bord devait être de cinq cent quarante tonnes; le tirant d'eau était estimé devoir être de quinze pieds six pouces à l'avant et de dix-sept pieds à l'arrière.

La *Discovery*, qui ne devait pas passer le 82° parallèle, d'un tonnage moindre, devait recevoir quatre tonnes et demie d'esprit-de-vin, neuf tonnes de pain, soixante-dix-huit tonnes de bœuf, farine, sucre, porc, lard, café et conserves. Le poids total à son bord, machine comprise, devait être de quatre cent quarante tonnes[1], et le tirant d'eau de quinze pieds quatre pouces à l'avant et de seize pieds trois pouces à l'arrière.

L'installation à bord des deux navires devait être aussi confortable que possible; mais tout était disposé au point de vue de l'économie du poids et de l'espace. On avait banni tous les objets dont la présence n'avait pas été suffisamment justifiée par un besoin ou une nécessité quelconque. Les cabines étaient cependant très spacieuses, car elles mesuraient six pieds de long sur sept de large. Elles étaient garnies d'une jolie commode qui, la nuit venue, se changeait en un bon lit, par l'addition d'un simple matelas. Leur éclairage s'opérait par une claire-voie pratiquée dans le pont du navire, ou au moyen de prismes de verre pour les cabines de l'entrepont. Les portes s'ouvraient sur un même

---

[1] Pour diminuer leur charge, sans cependant préjudicier à leurs besoins et aux moyens d'y subvenir, on a jugé à propos d'adjoindre à l'*Alert* et à la *Discovery* une frégate à vapeur, la *Valorous*, qui les a accompagnés jusqu'à l'établissement danois de Disco, dans le Groënland, où elle a déposé une grande quantité de provisions de toute sorte, dont elle était remplie de la cale au second pont.

corridor conduisant à une élégante salle à manger, où tous les officiers devaient prendre leurs repas ensemble.

La proposition de faire chauffer le navire à air chaud fut repoussée par le comité, qui, pour des raisons d'hygiène, a préféré les feux ouverts.

Les propulseurs furent formés par des hélices d'un modèle très réduit, permettant d'éviter les chocs avec la glace, au moyen d'un système de leviers propres à les relever dès qu'une collision semblerait imminente. Une grue à vapeur, placée au milieu du pont, devait permettre d'éviter les grosses fatigues à l'équipage, telles que le levage des deux grosses ancres *Martin* dont chaque navire était pourvu.

Les embarcations ont été construites par M. John Wite[1]. Elles sont au nombre de dix-huit et d'une solidité éprouvée. L'expédition devait porter avec elle trente-cinq traîneaux de différentes dimensions, le plus grand pouvant contenir une douzaine d'hommes avec des provisions pour sept semaines, le plus petit contenant quatre hommes. On a joint aux traîneaux plusieurs équipages de chiens destinés aux officiers.

Chaque traîneau est pourvu d'un ou de plusieurs appareils de cuisine, les uns entièrement en métal, pendant que d'autres (d'après l'invention récente de sir Léopold Mac-Clintock) sont construits moitié en bois, moitié en métal, avec un couvercle d'étain et au-dessus un récipient à neige assurant ainsi une provision constante d'eau. Les fourneaux sont de forme circulaire et chauffés à l'esprit-de-vin ou à la stéarine. Les casseroles sont ajustées les unes sur les autres, ce qui permet de faire cuire à la fois

---

[1] Le constructeur renommé de Cowes.

pommes de terre, pemmikan ou toute autre provision. L'appareil entier est garanti du froid par un revêtement formé d'un enduit spécial que les Anglais désignent sous le nom expressif de *fearnought* (peur de rien). Chaque homme devra toujours porter sur lui une provision d'eau contenue dans une gourde ordinaire, mais dont le goulot, entouré d'une bande de cuir, lui permettra d'éviter le contact cuisant du métal glacé. Les gourdes devront être approvisionnées par des condensateurs et portées par chaque individu sous ses vêtements, afin que la chaleur du corps maintienne l'eau à l'état liquide. Chaque traîneau doit être pourvu d'une certaine quantité de rhum, de la première qualité, non pas à titre de boisson enivrante, mais comme remède; on a reconnu, en effet, que le meilleur réconfortant, sous les latitudes polaires, ne consistait pas dans l'emploi des spiritueux, mais dans une nourriture substantielle, dont le pemmikan forme la base principale.

Les instruments scientifiques et ceux plus vulgaires que nécessite un voyage dans les mers polaires ont été l'objet d'un soin tout particulier. Les tentes, les couteaux, les scies à glace, les bâtons ferrés, les capsules explosibles pour briser la glace [1], les ancres à glace, tout a été fait pour exciter, avant le départ, l'admiration des visiteurs. Par exemple, la plus grande des scies à glace est un énorme outil mesurant quinze pieds de longueur [2] et pesant à peu près cent kilogrammes.

On n'évalue pas à moins de *quatre millions* de

---

[1] En cas d'emprisonnement du navire par les glaces, on emploiera la poudre ou le fulmicoton pour faire sauter les glaçons et creuser un chenal.

[2] 4 mètres 500. On sait que le pied anglais vaut un peu plus de 300 millimètres.

francs les dépenses nécessitées par l'expédition, et réparties de la manière suivante :

Pour l'année 1874-1875. . . . 2,460,500 fr.
Pour l'année 1875-1876. . . .   398,575
Pour l'année 1876-1877 et, le cas échéant, pour chacune des suivantes. . . . . . . . . . .   325,000

Naturellement, dans le chiffre de la première année sont compris les frais de construction, d'armement et d'approvisionnement des deux navires *l'Alert* et *la Discovery*. Cette somme de deux millions quatre cent soixante mille cinq cents francs a été spontanément votée par le parlement. En trois années, Gustave Lambert n'avait pu réunir que six cent mille francs.

### III. — LE PERSONNEL

Cent cinquante officiers avaient demandé à faire partie de l'expédition polaire. Après un choix minutieux, on n'en admit que vingt-trois, dont douze pour l'*Alert* et onze pour la *Discovery*. Le commandement en chef a été confié au capitaine Nares, déjà connu par une expédition polaire à bord de la *Resolute*, en 1852-1854, et pour avoir commandé l'expédition scientifique du *Challenger*, expédition du plus grand intérêt et qui a jeté un jour décisif sur les profondeurs de la mer.

Le capitaine Nares est secondé sur l'*Alert* par le commandant Markham, également familiarisé avec les voyages polaires, et sur la *Discovery* par le commandant H. W. Stevenson.

Puis viennent : 1º à bord de l'*Alert :* les lieutenants Pelham Aldrige, A.-E. Parr, G.-E. Giffard et
W.-H. May; le sous-lieutenant G.-C. Egerton; les
docteurs Thomas Colan, M.-D. et E.-L. Moss; l'officier payeur M.-E. de H. Widden, et les ingénieurs
Wooton et Pitt;

2º A bord de la *Discovery :* les lieutenants L.-A.
Beaumont, R.-H. Archer, Wyatt-Rawson et R.-B.
Guidford; le sous-lieutenant C.-T. Conybeare : les
chirurgiens Ninnis et Coppinger; l'officier payeur
M. Mitchell, et les ingénieurs Melrose et White.

Tous ces noms sont portés par des hommes éprouvés et jouissant d'une réputation méritée dans la
science de la navigation, dans la science proprement
dite et dans l'administration. Quant aux hommes
d'équipage [1], on n'a accepté que des hommes robustes
de constitution, capables de supporter les fatigues,
un travail pénible et les plus rudes épreuves.

La Société royale avait été chargée de choisir un
zoologiste, un botaniste et un géologue [2]. En outre,
M. Clément Markham, secrétaire de la Société de
géographie, prépara un manuel à l'usage des officiers de l'expédition, contenant un questionnaire
sur tous les points à élucider touchant la géographie du monde polaire.

---

[1] L'équipage de chaque navire se compose de soixante
hommes.

[2] La Société royale a délégué deux de ses membres, M. Che-
chester-Hart et le capitaine Felden, à titre de naturalistes
adjoints à l'expédition.

### IV. — RESSOURCES MORALES

Au nombre des objets réunis à bord pour l'instruction ou l'amusement des officiers, il est inutile de mentionner une bibliothèque de quatre cents volumes, un piano et d'autres instruments de musique. Ces ressources contre l'ennui se trouvent à bord de tous les navires qui ont à faire de longues traversées. Nous surprendrons peut-être davantage le lecteur en dénonçant la présence à bord de l'*Alert* de tout un attirail de théâtre, costumes, décors, en un mot, de tout ce qu'il faut pour monter des pièces, comédies, drames, opérettes, etc.; et nous l'étonnerons bien plus en lui disant que tout ce matériel a été fourni par l'Amirauté britannique. Mais si, familiarisé par nos précédents récits avec les scènes de la vie polaire, il réfléchit à l'ennui qui résulte des longues nuits arctiques, il sera moins étonné de voir l'administration se préoccuper des moyens de combattre cet ennui par des diversions de toute sorte et particulièrement par le théâtre. On se rappelle, en effet, que pendant plusieurs mois le soleil reste au-dessous de l'horizon. On se rappelle aussi la profonde impression de tristesse produite par le spectacle de la nuit polaire sur l'esprit du capitaine Hayes[1]. Sans doute la lune reste, par contre, plusieurs jours de suite au-dessus de l'horizon, et puis encore il y a les magnificences féeriques des aurores boréales et des autres phénomènes lumineux; mais ces apparitions sont passagères; elles deviennent plus rares à mesure qu'on s'approche du pôle, et la

---

[1] Voir plus haut, p. 25.

lune enfin n'éclaire pas plus de dix jours de suite les neiges polaires [1]. Le reste du temps, c'est-à-dire pendant trois à quatre mois, on est plongé dans les ténèbres dont la continuité dispose l'âme à un ennui mortel, et c'est d'abord pour en combattre l'effet physique que l'Amirauté anglaise a fait donner aux deux navires de l'expédition vingt-quatre lampes de fabrication spéciale, très solides, d'une grande puissance, combinées de manière que l'huile ne s'y coagule pas et qu'elles puissent brûler du suif et de la graisse, dans le cas où l'huile de colza viendrait à manquer.

Ensuite, pour conjurer l'effet moral des longues nuits polaires, l'administration, on l'a vu, ne s'est pas contentée d'enrichir le mobilier des deux navires d'une bibliothèque et d'un piano; elle a installé à bord tout le matériel nécessaire pour monter des pièces de théâtre. Et ici qu'on ne se hâte pas de sourire. Qu'on se rappelle que la gaieté est un des soutiens de la santé, et que rien n'est plus propre à l'entretenir que la comédie de société. Les acteurs ont, dans l'étude de leurs rôles, un puissant dérivatif contre l'ennui : d'un autre côté, les spectateurs goûtent un plaisir indicible à assister à l'exécution plus ou moins irréprochable de ces sortes de représentations. La comédie de salon a cela de cu-

---

[1] Par exemple, par le 82ᵉ degré de latitude et le 60ᵉ de longitude ouest (Greenwich), près de l'endroit où la *Discovery* levra hiverner, la lune, au mois de décembre (1875), se lèvera le 8 et ne se couchera pas avant le 18; elle atteindra sa plus haute élévation à l'horizon au passage du méridien, le 13. Pendant ce temps-là le soleil naturellement demeurera invisible sur le 82ᵉ parallèle; mais il y aura un clair de lune continuel durant neuf à dix jours, et il en sera probablement de même dans le cours des autres mois d'hiver dans les régions polaires.

rieux que la faiblesse de l'exécution n'agace pas,
comme au théâtre ; dans le cas de l'insuffisance d'un
acteur, on se contente de sourire, et là encore la

Aurore boréale.

gaieté conserve ses droits. Si les rôles sont bien
rendus, le plaisir est extrême. Peut-être l'Amirauté
anglaise, dans le choix qu'elle a fait du personnel des
officiers de l'*Alert* et de la *Discovery*, n'a-t-elle pas
été indifférente au talent artistique de quelques-uns

d'entre eux; toujours est-il qu'on y attache au delà du détroit une certaine importance, et que M. Clément Markham, secrétaire de la Société royale de géographie, dans une lecture qu'il a faite dernièrement sur les expéditions polaires, a cité les principaux officiers de la marine anglaise qui se sont distingués dans les représentations théâtrales données sur les planches de leurs navires, sous les plus glaciales latitudes. C'est ainsi que le commandant en chef de l'expédition, le capitaine Nares lui-même quand il était second, sous le capitaine Kellett, à bord de la *Resolute*, a joué avec un certain succès le rôle de lady *Clara* dans le drame historique de Charles II. L'amiral Sherard-Osborn était directeur des concerts philharmoniques arctiques à bord du *Pioneer*, et l'on voudrait savoir l'effet produit au milieu des solitudes polaires par une symphonie de Beethoven. L'amiral Ommaney, directeur du théâtre royal arctique, à bord de l'*Assistance*, ne rougissait pas de remplir le rôle de Mᵐᵉ Craux dans la farce intitulée: *Did you ever send your wife to Camberwell?* L'amiral Nias et le général Sabine étaient d'excellents comédiens amateurs; et nous ne voyons pas quel inconvénient il y aurait à introduire ces coutumes dans notre marine, pourvu qu'elles fussent renfermées dans les bornes de l'honnêteté et de la décence.

Ici, encore une fois, c'est-à-dire dans le cas d'une expédition dans les régions polaires, il ne s'agit pas seulement de procurer à une réunion d'hommes un préservatif contre l'ennui, mais encore un auxiliaire précieux pour l'hygiène et même une ressource préventive contre certaines maladies voisines du spleen. La régularité des exercices et des repas, l'efficace intervention de la prière et des exercices religieux, la lecture, la musique, quelques jeux, et enfin les

représentations théâtrales, il ne faut pas moins que
tous ces secours réunis pour aider à supporter avec
courage, patience et résignation les longs mois des
nuits polaires.


## V. — LES *DESIDERATA* DE LA GÉOGRAPHIE POLAIRE


Dans le mémoire adressé par le comité arctique
de la Société royale de géographie au comité nommé
par la Société royale des sciences, on lit, entre autres choses, ce qui suit :

« L'exploration de l'espace aussi inconnu qu'immense du pôle nord ne saurait manquer de donner
d'importants résultats, autant au point de vue pratique
qu'au point de vue scientifique. L'existence et la surface de ce vaste champ d'exploration étant mathé-
matiquement démontrées, il est impossible qu'il n'en
jaillisse pas de nouvelles lumières pour les connais-
sances humaines. Le pôle nord présente sous beaucoup de rapports un caractère spécial, qui donnera
à l'observation une série de phénomènes exception-
nels et de découvertes dont il est difficile de prévoir
dès à présent la nature et l'importance, mais qui,
à coup sûr, auront une grande portée pour l'histoire
du globe terrestre.

« Ainsi, il serait très utile d'avoir des données
géologiques exactes au sujet de l'effet produit sur les
roches de différentes espèces par les froids intenses;
sur la hauteur, l'étendue et la disposition des glaciers; sur le cours des fleuves et la profondeur des
lits qu'ils se sont creusés dans les régions arctiques.

« La migration des oiseaux a surtout attiré l'attention. Le professeur Newton pense qu'il est à présumer que les quantités innombrables d'oiseaux de passage qui fréquentent les îles Britanniques et d'autres pays du Nord, ont des raisons d'instinct pour rechercher, à certains temps de chaque année, des latitudes plus chaudes et retourner ensuite régulièrement vers le pôle. Il doit donc se trouver dans ces régions des eaux qui ne sont pas toujours gelées, des terres produisant, pour leur progéniture et pour eux, une suffisante quantité de nourriture. »

Voici, en résumé les services que la nouvelle expédition peut rendre à la science : elle déterminera la forme définitive du Groënland, dont on ne connaît bien que les côtes est et ouest ; elle étudiera à leurs différents étages la profondeur des mers polaires ; en faisant osciller le pendule au pôle nord, s'il est donné d'atteindre ce but suprême, elle offrira à la géographie mathématique les moyens de calculer la longueur du rayon terrestre au pôle ; à la météorologie et à la physique elle fournira de précieuses indications. Quelle est la science qui ne s'enrichira pas des observations scientifiques recueillies à bord de l'*Alert* et de la *Discovery*? La flore du Groënland comprend trois cents espèces de plantes phanérogames ; on ne sait pas ce que la flore du pôle ajoutera à ce catalogue. Ce qu'on suppose avec fondement, c'est que la vie est loin d'être absente de l'océan Arctique ; c'est que le nombre des êtres organisés infiniment petits y est prodigieux, c'est que chaque année, en été, on voit des multitudes d'oiseaux fuir les contrées les plus septentrionales de l'Europe pour des régions situées encore plus au nord, où ils trouvent sans doute des endroits convenables pour y faire

leurs nids et de quoi se nourrir eux et leurs petits. Or cette nourriture doit leur être fournie par
la terre ou l'eau ; il doit donc y avoir dans ces latitudes polaires de l'eau qui n'est pas perpétuellement
glacée, de la terre capable de production et habi-
table.

Plusieurs de ces résultats sont déjà acquis à la
science [1]. Toutefois il est deux points curieux, deux
*desiderata* pour la solution desquels on attend beaucoup de l'expédition anglaise au pôle.

Premièrement, quelles indications va donner au
pôle l'aiguille aimantée ? On sait déjà qu'à une certaine latitude, le 70° parallèle, par exemple, sa
direction est diamétralement l'opposé de ce qu'elle
devrait être si l'on naviguait sous les latitudes ordi-
naires. Ainsi, lorsque les navires sortiront du
détroit de Smith pour s'avancer vers le pôle, la boussole, au lieu d'incliner au nord, marquera une direction *sud-est*. Des cartes spéciales dressées par le
professeur Adams et le capitaine Evans, hydrographe de l'Amirauté, pour l'usage exprès de l'expédition, indiquent, dans toute l'étendue de la région
encore inexplorée, les conditions magnétiques pré-
sumées que les voyageurs devront rencontrer, si la
distribution du magnétisme terrestre à la surface de
la terre est réellement telle qu'on le suppose en se
basant sur les notions acquises jusqu'à ce jour. Pour
peu qu'on réfléchise que le commerce du monde dépend de la boussole et que l'usage de la boussole

---

[1] Le capitaine Hall, du *Polaris*, et avant lui Parry, en 1827,
ont rencontré : le premier à 82 degrés 16 minutes, le second
à 82 degrés 45 minutes, le point le plus voisin du pôle où l'on
soit parvenu, des Esquimaux qui paraissaient connaître des
contrées situées encore plus au nord, où, si l'on pouvait les
atteindre, on trouverait probablement aussi quelques individus de la race humaine.

repose sur une théorie plus ou moins vraie du magnétisme terrestre, on comprendra l'importance pratique de l'expédition, sa tâche se bornât-elle à cette seule catégorie d'études.

En second lieu, si jamais l'expédition parvient à son but, qui est le pôle nord, comment pourra-t-elle retrouver son chemin pour revenir? Au pôle, en effet, il n'y a pas d'étoiles qui se lèvent, se couchent ou culminent; là le temps, dans le sens ordinaire du mot, n'existe pas, et tous les points de l'horizon doivent être directement au midi de l'observateur. Au pôle, en effet, la terre ne semble pas tourner sur elle-même. La rotation, si sensible à tous les points de l'équateur, ici est réduite à zéro; par conséquent les astres occupent, pendant la nuit, les mêmes points dans le ciel. Il n'y aurait qu'une chose qui pourrait aider les astronomes de l'expédition à déterminer la longitude d'un lieu voisin du pôle, ce serait une éclipse de soleil. Or il se trouve précisément que l'*Almanach nautique*, rédigé par M. Hind, fixe d'avance les dates de deux éclipses de soleil qui seront visibles dans la région polaire en 1876 et 1877, et donne de plus une liste d'occultations d'étoiles par la lune, visibles dans le 82° degré de latitude nord et le 60° de longitude ouest, ou dans le voisinage, vers le mois de septembre 1875 et en mars 1877.

## VI. — LE DÉPART

C'est dans l'après-midi du samedi 29 mai 1875 que l'expédition polaire a quitté la rade de Portsmouth [1], saluée par les acclamations enthousiastes d'une foule immense et de cinq mille hommes de la garnison rangés en bataille sur la plage au moment où passaient les deux navires destinés à cette glorieuse entreprise, avec les bâtiments qui leur faisaient escorte [2]. Il est vrai que ce jour-là était jour de fête nationale; toute l'Angleterre célébrait l'anniversaire de la naissance de sa souveraine, la reine Victoria. Elle-même avait tenu, en ce jour glorieux, à saluer le départ de l'expédition, et une heure auparavant elle avait expédié au capitaine Nares la dépêche suivante: « Je vous souhaite sincèrement toute sorte de succès, à vous et à vos braves compagnons, et j'ai confiance que vous accomplirez la tâche importante que vous avez si courageusement entreprise. »

Le capitaine Nares transmit aussitôt la réponse suivante à la gracieuse missive de Sa Majesté la reine :

[1] Dans la matinée, les lords de l'Amirauté, venus exprès de Londres, avaient inspecté les deux navires *l'Alert* et *la Discovery*.

[2] Dans le temps que l'on faisait dans les chantiers de Porstmouth les préparatifs de l'expédition polaire, le bruit courait que le capitaine Allen-Young avait acheté du gouvernement la canonnière *la Pandora*, et qu'aidé par lady Franklin et M. J. Gordon-Bennet, le propriétaire du *New-York-Herald* il devait l'équiper à ses frais pour suivre l'expédition polaire. Le capitaine Young servait à bord du *Fox*, dans l'expédition qui avait été envoyée à la recherche de Franklin, sous le commandement de sir Léopold Mac-Clintock.

« Je suis profondément reconnaissant du **grand** honneur que Sa Majesté nous fait, à moi et aux autres membres de l'expédition arctique, en nous souhaitant le succès; Sa Majesté peut être assurée que tous feront leur devoir. »

La veille, dans un banquet offert par la municipalité de Portsmouth aux officiers de l'*Alert* et de la *Discovery,* le capitaine Nares, à la suite d'un toast porté au succès de l'entreprise, s'était exprimé en ces termes :

« Sans nous vanter de ce que nous allons faire, surtout quand nous sommes engagés dans une lutte contre un ennemi inconnu, permettez-moi de dire que jamais expédition semblable n'a quitté le rivage de notre pays, ni d'aucun autre, aussi bien préparée que nous le sommes.

« Grâce au concours actif et empressé de sir Léopold Mac-Clintock, nos navires sont excellents, notre équipement parfait. Nous avons toutes les ressources que nous pouvions raisonnablement espérer. Nos officiers et nos hommes ont été choisis avec soin parmi un grand nembre de volontaires; ils comptent les uns sur les autres, et ils ont le cœur tout entier à la besogne. Notre route est bien tracée, nos instructions ont été rédigées avec une extrême précision, et nous nous mettons en marche ayant pour guide l'expérience chèrement acquise de quatre expéditions antérieures, auxquelles ont pris part des navigateurs de toutes les nations.

« Avec tous ces avantages, il nous faut joindre la bénédiction que Dieu daignera répandre sur nos efforts, les nombreuses prières que plus d'une âme charitable adressera au Ciel en notre faveur, ainsi que l'encouragement que nous puisons dans le sentiment du profond intérêt que le pays tout entier prend à notre entreprise; je pense que si le succès est possible, nous devons l'obtenir. Il suffit sans doute que tout ne soit pas rose dans nos perspectives pour que l'on voie s'accroître l'intérêt dont l'expédition est déjà l'objet. Après notre départ, quand on n'aura plus de nouvelles de nous, cet intérêt pourra bien se changer en inquiétude. Cependant cette émotion sera salutaire, et, j'ose le croire, d'un grand prix pour la nation, sans parler de la valeur des nombreux faits scientifiques que nous avons à recueillir, et qui sont encore ensevelis dans le mystère...

« Permettez-moi de remercier, en mon nom et au nom de mes compagnons, la Société royale de géographie de nous fournir le moyen de combattre un ennemi qui n'est pas à dédaigner. Je la remercie aussi, au nom de toute la marine, de l'occasion qu'elle nous offre d'entrer en lice avec nos voisins et nos rivaux, qui nous disputent les lauriers qu'il y a à cueillir à l'exploration des régions arctiques. Maintenant que l'Angleterre a résolu de prendre part à ces entreprises, le succès est certain. Si nous réussissons, l'ardeur de la nation n'en sera que plus vivement stimulée à continuer les explorations; dans le cas où nous échouerions, il faudrait que le pays eût bien dégénéré si notre insuccès ne l'excitait pas à marcher de nouveau à la victoire. »

A notre tour nous avons salué, et bien sincèrement, de tous nos vœux le départ de l'expédition anglaise; et, puisque notre pays, détourné par d'autres préoccupations des entreprises lointaines, n'a pas pu attacher son nom à la conquête décisive du pôle nord, nous aimons autant que ce soient les Anglais qui aient cet honneur. N'est-ce pas l'Angleterre qui, depuis Cook jusqu'à Mac-Clintock, a inscrit le nom de ses enfants sur les détroits et les chenaux, sur les îles et les presqu'îles, sur les caps et les golfes de ce monde confus des mers polaires? N'est-ce pas l'Angleterre encore qui, depuis Cook jusqu'à sir John Franklin, a fourni les plus glorieux martyrs de la science? Enfin la conquête du pôle nord n'est-elle pas le complément naturel de cette conquête séculaire que baignent les eaux de la baie d'Hudson et de la baie de Baffin? Si le commerce et la civilisation ont peu à gagner au succès de la nouvelle entreprise, il n'en est pas de même de la science et de la navigation. Le pôle nord une fois atteint, bien des problèmes, on l'a vu, seront résolus; mais n'y eût-il que l'idée d'avoir atteint ce but, l'entreprise en vaudrait encore la peine. Nous croyons au succès de celle-ci. Depuis trop longtemps le pôle nord est l'objectif des plus hardis navigateurs pour qu'il ne s'en trouve pas un qui, plus heureux que les autres, ne pose enfin le doigt sur ce point si curieux du globe.

FIN

# TABLE

—




19049. — Tours, impr. Mame.

# BIBLIOTHÈQUE
## DE LA JEUNESSE CHRÉTIENNE

**FORMAT PETIT IN-8°**

Adolphe, ou comment on se corrige de l'étourderie, par Et. Gervais.

Aïssé, ou la jeune Circassienne, par Marie-Ange de T***.

Aleandro, par E. Bossuat.

Anselme, par Étienne Gervais.

Aventures d'un florin (les), racontées par lui-même.

Batelière de Venise (la), par M<sup>lle</sup> Louise Diard.

Bonnes lectures (les), Souvenirs et récits authentiques, par F. Cassan.

Clémentine, ou l'Ange de la réconciliation, par Marie-Ange de T***.

Conquérants célèbres (les), par M. de Chavannes.

Corbeille de Fraises (la).

Dessus du Panier (le), par J. Grange.

Directrice de Poste (la).

Dumont d'Urville, par Fr. Joubert.

Élisabeth, ou la Charité du pauvre récompensée, par M. d'Exauvillez.

Éloi, ou le Travail, par Ét. Gervais.

Euphrasie, ou l'Enfant abandonnée.

Excursion en Syrie, en Palestine et en Égypte, par le R. P. du Fougerais, de la Compagnie de Jésus.

Exilées de la Souabe (les), par M<sup>lle</sup> Louise Diard.

Famille de Montaubert (la), par Félix Joubert.

Fanny et Léonore, par M<sup>me</sup> Valentine Vattier.

Fille du Docteur (la).

Fille du Meunier (la), ou les Suites de l'ambition, par M<sup>lle</sup> L. Diard.

Henriette, ou Piété filiale et dévouement fraternel, par Stéphanie Ory.

Histoires contemporaines, par Joseph de Margal.

Jacques Blinval, ou l'Ami chrétien, par J.-N. Tribaudeau.

Judith, par M. l'abbé Henry, directeur général au petit séminaire de Langres.

Louise Leclerc.

Lucia Cesarini, par M<sup>me</sup> de Labadye.

Madame de Gévrier, ou la Pénélope chrétienne.

Marianne, ou le Dévouement.

Marie de Langeville, ou la Résignation chrétienne; par Stéph. Ory.

Mozart, par Étienne Gervais.

Navigation aérienne (la), par Arthur Mangin.

Pape Benoît XIII (le), 1724-1730, par J. Chantrel.

Par-dessus le buisson, par Jean Grange.

Parmentier, par Fr. Joubert.

Pêcheur de Penmarck (le), par E. Bossuat.

Proverbes et Nouvelles, par Jean Grange.

Récits américains, par M. Xavier Marmier, de l'Académie française.

Richard-Lenoir, par Fr. Joubert.

Successeurs (les) de Franklin, par H. Feuilleret.

Tante Marguerite (la).

Térésa, par E. Bossuat.

Trésor de la Maison (le), par Maurice Barr.

Trois Cousins (les), ou le Prix du temps, par Théophile Ménard.

Variétés industrielles, par Arthur Mangin.

Vauquelin, par Fr. Joubert.

Vierge des campagnes (la), ou Vie de la bienheureuse Oringa, par M. l'abbé Henry.

Vœu exaucé (le), suivi des Deux mariées, par Maurice Barr.

Tours. — Impr. Mame.

www.ingramcontent.com/pod-product-compliance
Ingram Content Group UK Ltd.
Pitfield, Milton Keynes, MK11 3LW, UK
UKHW021624170726
13836UKWH00005B/2041